"跑出

> 一個**中年女子**
> 以跑步學習**愛與堅持**的歷程

盧秋瑩 著

最好的自己 "

推薦序

文／許績勝

（臺灣馬拉松紀錄保持人／資深教練／
國立體育大學助理教授）

　　身與心並具的健康，才是一個人真正的健康，透過簡單的跑步運動就能擁有它。而且，運動後的愉悅是會感染的，會讓周遭的親朋好友同時感受到那份幸福。

　　本書中，秋瑩詳述了她如何從對運動畏懼與怯步，到跨出那看似小小的一大步；之後，那第一步產生了一連串的美好效應。她傳達了一個珍貴的訊息：踏出跑步的那一小步，將是您更美好的人生的開始；所以，跟著秋瑩的引領，動起雙腳，展開雙臂去擁抱屬於自己的幸福人生吧。

推薦序

（敢動傳媒記者／前民生報資深體育記者）

　　不是每一個人都有成為運動員的資質，但只要有心，就算沒有運動細胞，也可成為愛運動的人，並影響下一代加入愛運動一族。這是身為素人跑者的秋瑩，想和大家分享的故事。

　　採訪體育新聞數十載，我報導過很多出類拔萃的運動員，這些萬中選一的菁英，大多擁有出色的身體素質。當然，其中也有一些人是透過苦練，或是極強的心理素質，彌補先天上的不足，在體壇闖出一片天的。

　　與我有同窗之誼的秋瑩，從小功課出色，但在體育方面的表現很差，這讓她對自己的體能非常沒信心，她會在步入中年後愛上跑步，老實說我也很訝異。

　　值得一提的是，秋瑩不只自己愛上跑步，從小跟著她一起跑的兒子，也在耳濡目染下愛上這項運動，進而成為高中越野跑和田徑校隊成員，這是她透過運動贏得健康和好心情之外，所賺到的人生額外紅利。

　　要活就要動！運動的好處，只有試過的人才懂，透過秋瑩的親身見證，更教人相信：你不一定要成為運動員，但一定要愛運動。

自序

　　一個溫熱的6月下午，我獨自跑在定居的新英格蘭小鎮裡。

　　夏意漸濃，出門時，對門鄰居前院的噴水器來回地轉動，澆灑著綠色草坪，天空蔚藍無雲，空氣透著一絲涼意。

　　在車道上暖身後，我朝門口的下坡跑，抵達坡底後，左轉至車流川急的「胡桃街」。我今天計畫的路線是：跑上穿越全鎮的「夏日街」，在半途右轉「野林路」，經過一片幽靜的住宅區和鎮上唯一的高中後，沿著「主街」跑到臨鎮交界處，於8英里處折回鎮中心，重返「夏日」和「胡桃」街，回到終點的家。

　　這是我生平第一次練習半馬（13.1英里／21.1公里）的距離，為了迎接即將到來的正式比賽，我希望能先體驗一次這個跑距。

　　偶爾的行車之外，路上很安靜，街道兩旁行樹有秩，陽光灑在茂密的樹枝間，稀疏地在地面上形成一片光影。幾戶住家前院的灑水器左右搖擺、滋滋作響，跑過時，水花飄打在腿上，一陣清涼。

　　跑到高中時，攜帶的一瓶8盎司小礦泉水已喝完，雖然鎮上的生水可飲，但沿途並沒有公共飲水機，也沒有垃圾桶，握著空瓶跑，我有點懷悔沒有準備更充分的水與能量補給品；旋即又想，這趟主要的目的是跑完全程，雖然越快達陣就可越早休息，但速度並非重點，只要盡量沿著有樹蔭的人行道跑，應該不至於體力耗竭或中暑。

　　過了熟悉的5、6英里後，體溫逐升，可以感覺到身體的散熱速度減緩。8英里後，雙腿逐漸沉重。經過鎮中心的圖書館，回到「夏日街」時，呼吸開始沉重起來，我奮力擺動雙手，希望能帶動雙腿繼續前行。11英里，經過來時的加油站，腳步更慢，腿肌痠痛，比快走快不了多少。12英里，紅燈一亮，我提步穿越十字路口回到「胡桃街」，12.1、12.2、12.3……我不得不把里數拆開來倒數。彷彿一頭垂疲的老牛埋頭向前，腦袋一片渾沌，身體機械性地一步步向前拖曳，重抵家門前的陡坡時，我幾乎已是手腳並行地攀爬而上，腦裡拼命想著那個

最終的數字。

13.2英里，手錶螢幕上終於跳現。

停下疲重酸痛的腳步，再看一眼時間：兩個半小時，雖比預期花了更長的時間，總算跑完全程，沒有走也不曾停歇，整整兩個小時，我的心肺密集運作，雙腳千萬次地槌擊地面，汗水溼了又乾，乾了又溼，把體能推向從未有過的極端挑戰。

拖步進屋時，暮光下涼爽的客廳裡，Chris（我先生，以下簡稱為C）和兒子已換好衣服，正等著我一起去預訂的餐廳吃飯。

浴室裡，我艱困地脫掉溼重的衣褲，赫見胸前運動內衣底下出現一道破皮血痕，蓮蓬頭冷水一沖，刺痛直襲。

匆匆地喝水、吃了一根香蕉後，我勉力上車，但一上高速公路，一陣暈眩感瞬間湧上。我搖下車窗，閉上眼，希望流動的空氣能減輕不適。

誰知抵達餐廳時，暈眩感依然陰魂不散，而停頓後的雙腿要再重新舉步竟如鉛鐵般僵硬且酸痛不堪，我示意父子倆先進餐廳，我等稍微恢復體力後再加入他們。

夜色濃郁，我緊閉著雙眼，黑暗裡，告訴自己深呼吸，一口一口深而緩慢地吸吐，希望降伏那份翻覆內臟的痛苦。

噁心感終於稍微平撫後，我推門下車，緩移沉重疲憊的雙腿，走進有著挑高天花板、古典裝潢的餐廳。女侍者引我到座位，C馬上為我點了一杯冰巧克力牛奶，以迅速補充顯然透支的熱量。誰知，甫坐定，嘔心感即從胃底翻起，滿室溫膩的食物氣味讓人更想吐，我迅速起身，決定還是回到車上等。

打開車門，鑽入後座後，我立刻躺平了。經過一番起坐走動，脾胃這時攪滾如惡浪襲捲，四肢不聽使喚，彷彿隨時可棄人而去，而心肺只覺得怎麼也打不出足夠的氧氣，呼吸窒礙困難。緊閉著雙眼，如掙扎於黑暗海水裡，每一口淺薄的水面空氣都是生存的唯一浮木，我奮力地把氧氣送進每一個緊繃的細胞裡，希望它們逐漸強壯到能帶我脫離困境。

恐懼裡，我聽到先生和兒子打開車門，說他們把晚餐全部打包外帶，準備馬上送我回家休息。感受到父子倆靠近的溫度，聽到海奕關切的聲音：「媽媽，妳感覺怎樣？妳還好嗎？」

摸索著家人的手：「我不能呼吸，很難受，我是不是要死掉了！？」旋即想

到，不該如此驚嚇兒子，一急，淚不爭氣地簌簌滴下。

那一刻，被13英里折騰得潰敗的我，只求身體無礙、不適感迅速消失。那一刻，我完全無法想像，之後會一次又一次地再度上路，成為一名終生的跑者。

給讀者：

初春的這一天，我坐在面窗的餐桌前，以一份日常而真摯的心情，寫下這段文字。

在你繼續閱讀本書之前，我必須事先說明，我並不是一名教練，也不是一個菁英跑者。這不是一本寫給專業跑者，或者教你如何破PR／PB的書。我無法提供你如何提高VO2 max以及如何跑更快的技巧，或是詳細介紹關於肌肉筋膜的生理構造；但是，我非常樂意以過去九年多來跑步與參賽的經驗、閱讀過一、二十本有關跑步的書與千百篇相關文章後的心得，以及這一路以來所經歷的苦樂和學到的一切，和你聊聊跑步這件事。

從這本書裡，你將讀到一個中年女子：

如何從一個體育差到要補考的女生，變成一名九年以來從未間斷的素人跑者；

一英里又一英里地，跑步如何改變了她中年之後的人生；

如何在受傷後，重新調整上路；

如何影響孩子，讓他從一個靜態的小孩，蛻變成一名優秀的青年跑者；

如何利用跑步修練身心，挑戰侷限，發掘出更多的自我潛能；

如何從這個歷程中學到更多的愛與堅持，學會成就更好的自己。

如果，你想開始跑步卻缺乏動機，對跑步感興趣卻不知從何開始；或者，你剛起跑，需要一些基本常識、一些實用的營養食譜或一份激勵人心的歌單以作為跑步前、後與之間的補給；又或者，你已經跑了一陣子了，速度雖不快，但跟我一樣，是一位熱情的業餘跑者，目標也是要越跑身心越強壯；那麼，這是一本寫給你的書。

我希望跑步新手的你，讀完這本書後，會有一股換上跑鞋、出門的動力與熱情；滿心喜悅地跨出第一步。也希望已經跑了一段時日的你，不管多快或多遠，與跑步更親近且更有信心。最後，希望你們都跟我一樣，一直健康地跑下去。

Happy Running！

CONTENTS
目次

01
CHAPTER

從弱雞到跑者

「神奇的不是我跑完了，而是我有起跑的勇氣。」

——約翰・賓漢《毋需速度；一個初跑者的快樂跑步指南》

（John Bingham, No Need For Speed: A Beginner's Guide to the Joy of Running）

　　戰地小島，樸實日常。國中體育課裡，一個剪著清湯掛麵短髮、身穿白色運動服的女生排在隊伍裡，緊張地看著前面的同學一一就緒，起跑六、七步後，奮力蹬上踏板，雙掌一撐，雙腿跨躍過跳箱，漂亮落地。輪到女孩時，她幾乎可以聽到胸腔下的心跳如脫韁野馬。終於，她提氣起跑，但一如往常，她甫抵跳箱前腿就軟了。一旁的老師讓她試了一次又一次，然而結果還是一樣……她起跑，她跳躍，但那座小山始終如惡神轟立眼前。最終，如一名陣前的懦弱士兵，她不得不投降敗退。體育老師在成績表上註明了些什麼後，也放棄了。

　　隨之而來的墊上運動更如惡夢，不管她再怎麼鼓起勇氣，閉著眼，把頭儘量朝內縮，想像自己是一顆球，往前翻滾；然而，睜眼一醒來，女孩總是發現自己滾落到墊子外，姿勢歪慘，不及格。墊上後翻是另一個折磨，她怎麼也無法如老師所教的，雙手抵在雙肩之後，腳往前一推一蹬，後空翻。更甚者，她被脖子可能因而扭斷的恐懼侵襲著……。

　　那個女孩就是我。

　　從小到大，我從非運動型，更坦白地說，我是個弱雞般的女生。我參加的課外活動清一色是靜態的如合唱團或讀書社，體育一直是最弱與最怕的一科。跳高

時我把欄杆踢落，跳繩時被絆倒，踢毽子總是踢空，玩躲避球時，總是最早被炸死的一個，就算躲到線邊或角落，總難逃被從四方襲擊而來的球直炸，或被球從地上爆擊出場。

　　我跑不快，跳不高，平衡感極差，運動場上，是個不折不扣的失敗者。每逢上完體育課尤其是考試時，心裡就充滿焦慮與恐懼，考完則滿懷不及格的挫折或得補考的壓力。

　　我的體能甚至差到連平日騎腳踏車都有問題──不會像大多數人那樣，一腳踩蹬後，另一腳輕鬆地跨越上車，瀟灑地向前乘風而去；我只會把腿跨過杆，一腳喀喀喀地咖上車。下車時，只能按緊煞車，狼狼地跳下，每當周遭一出現人或車，我立即肩頸僵硬、心跳加速、隨時準備馬上緊握煞車跳下，一副備戰狀態。

　　我相信自己的身體嚴重地不協調，或有機能障礙，深信自己沒有「運動細胞」，這一生無非就是跳跳舞、練瑜伽，或從事些輕量型的活動。

　　高中時，想伸張正義的抱負以及對新聞工作的嚮往之下，我更改原本想念中文系的念頭，選讀了新聞系。大學期間正值報禁開放，臺灣媒體百花齊放，從

雜誌社工讀生，到畢業後擔任報社的採訪記者，我得以接觸到許多專業與逐夢之人，眼界不斷地拓展，也激發出追逐更多夢想的熱情。

這段期間，跟大部分的上班族一樣，忙碌的工作之餘，我沒空也沒心思運動。尤其是當記者期間，中午出門，下午參加記者會或採訪，晚上寫稿趕截稿，回到家常常已近半夜。日夜顛倒作息的結果，我逐漸變成一個頹疲無生氣的假文青。

然而，披星戴月的生活裡，想動的慾望倒是從未停息。時值有氧運動盛行，我很快繳了三個月會費，興沖沖地對著寬闊教室裡一整面牆的鏡子，抬手、舉腳、彎腰、上下臺階器；但不久便一天打漁兩天曬網，宣告放棄。

來到美國之後的某一天，已打網球一、二十年的婆婆開車出現在住處門外，興致盎然地說：「走，打球去！」婆婆不知我不但從沒摸過球拍，與她聊天時之所以會提到偏愛山普拉斯而非阿格西，完全是受球迷小姑姑的影響，與自己實際有沒有打過球無關，當然也不懂這兩位球星的球技。

白天空曠的球場上，只見這一頭，誤以為我對網球感興趣的老人家耐心地重複舉臂發球，另一頭，手眼與身體皆不協調的我，奮力地為了撿球而跑來跑去。婆婆極努力地想開發我那極薄弱的運動潛能；但紙終於包不住火，婆婆很快便發現她發的十顆球，我接不到任何一顆，且練了幾回後毫無進步的跡象。對我而言，撿球雖然也是運動，但老讓老人家陪練球也不好意思。幸好，善解人意的婆婆很快地便不再帶球拍出現了。

一直到成為一個男孩的母親後，我與運動的淺薄緣分才逐漸改觀。

幾乎不加思索地，為了兒子我願意嘗試一切。懷孕期間為了母子健康，我無師自通，學會了游泳。雖然游的蛙式醜不拉嘰，但總算可以在泳池裡來回幾趟，不至於溺水（或者，可撐久一點才淹溺）。

從最簡單（沒錯，我竟然也不會）的盪鞦韆開始，我跟著孩子學。雙腿一蹬一推，慢慢地，鞦韆在空中劃成一道小弧形，騰空的感覺讓人又驚又喜。稍一環顧，周遭的孩子們盪得高遠，笑得開懷，看起來是那麼的輕而易舉，心裡突然一陣感觸：「成長過程中，我是否錯過了某些最單純的歡愉？」

隨著孩子的成長，我逐漸拋開曾是一名體育課補考生的挫敗過去，開懷地和孩子嬉戲追逐，趣味盎然地全家輕裝行囊去遊山玩水，而每一次活動後的汗流與

暢快感,總教人身心舒適,回味不已。

　　然而,終究是一個長年與文字為伍的人,日子大多是安靜地讀書、彈琴或伏案寫字;因此,中年之前,若有人預測有一天我會開始跑步,甚至參賽,我一定會搖頭或捧腹;甚至初始,聽說我在跑步的親友們也不免訝異。

　　為什麼會選擇跑步?每當有人這樣問起,我總說:「不是因為感情受挫要重振自己,也不是為了減肥或中年危機,只是單純地想讓自己更健康,只是厭倦了體力的疲羸不振,只是想健壯地看孩子成長與成家立業,只是想動起來。」

　　只是因為,九年前的那個夏日週末。

　　那一天,我們仨一如往常地開車來到臨鎮湖畔。天空蔚然無雲,環湖健走時,前方,頭戴著青蛙圖案安全帽的海奕騎著車,輕快地前引;偶爾,他會停車,轉頭確定我們保持在他身後不遠處。隨著小男孩的車速加快,為了趕上他的滾輪,C和我不覺地小跑了起來;誰知,還不到半圈,我的心肺即因無法適應突來的刺激,呼吸急促,腳步困頓。

　　不過就是快速一點地移動雙腳嘛,誰知肋骨下方竟隱隱抽痛,心臟與肌肉都覺得不勝負荷,身體簡直像一部即將報廢的老車。種種明顯的不適教人驚覺,多年的怠惰姑息,仗著年輕胡亂餵食和作息不定的糟蹋,一副臭皮囊已逐漸變形,體能也開始退化。一想到中年即如此不堪,那接下來的歲月怎麼辦?

　　隨即又想,提起腳步、擺動雙臂,剛剛真的跑起來了,那份苦樂混合的感覺激起人躍躍再試的興趣:「如果常跑,呼吸會不會越來越順暢,身心會不會越來越適應?」

　　很快地,我發現跑步不需要複雜的器材,不必在特定的時間出現在特定的場地上,也無須呼朋喚友,只要換上跑鞋,想跑就跑,非常適合喜歡自由自在的我。

　　湖景優美,步道坦直,一圈剛好是5K的距離,提供了絕佳的跑步環境。初期,我的速度時快時慢,狀況時好時壞,幾次甚至因肌肉抽筋而被迫走回終點;然而,從半走半跑開始,我慢慢地能夠跑完全程了。

　　跑著跑著,我想到長期以來對自我體能的認定,考試與評比的結果之下,不論是自判或成績意味的「體育弱雞」、「音痴」等各種標籤,都過早判定了我們的潛能,更糟地扼殺了可能發展出的興趣。

我真的不行嗎？

　　跳躍奔跑，開懷歌舞，是人的本能。照顧身心，責無旁貸，是人一生最重要的功課與責任。毫無疑問地，我們可以用最平常的心態、完全屬於個人的方式，去從事任何體能活動。

　　就從跑步開始，如孩子學步一般，我決定重新給自己一個機會去體會那份單純的愉悅與挑戰。這一次，沒有考試競爭，無所謂成敗，我只要以自己的速度前進。

　　這一次，我只要放開腳步，跑就是了。

跑前的大小號

如果你能夠大解之後再上路,恭喜你。不是開玩笑的,有經驗的跑者都知道,出門前若能出清身體,跑起來更輕鬆如意。如何順暢地如廁?除了出門前讓腸胃有充裕的消化時間,運動研究還發現,跑前30分鐘喝一點暖飲比如茶、溫開水或咖啡,有助腸胃蠕動。多年來,我習慣以一小杯咖啡搭配早餐,通常能達到效果。當然,出門後不要跑太遠,先在住家附近小跑暖身以便於應急,也是一個因應之計。

心態

初到一個新的跑場,周圍可能都是有經驗、看起來很厲害的跑者,不要被他們的速度或專業的模樣嚇到,專注在自己的訓練上。如果有跟跑步相關的問題就開口問,不要害羞,跑步同好們一般都很熱心,因為大家也都曾經是新手。

暖身

跑界對此爭議不少,有人鼓勵跑前要先拉筋、暖身,有人建議不需準備,立馬上路。我偏愛以動態暖身(dynamic warm up)如站著抱膝、髖關節內外環繞、單腿交換跳躍、弓步蹲、大腿搖擺、毛毛蟲爬行和開合跳等動作暖化肌肉、活化關節並提高心跳。跑完則配合呼吸,做一些拉筋伸展和靜態暖身的運動。最後,高舉拉直雙臂,深呼吸,手交叉拍拍雙肩,對自己說一聲:「你很棒!」(Good Job!)

02
CHAPTER

跟自己賽跑的人

開始跑步之後，對相關訊息自然多了些注意。跑齡約三個月時，不知哪兒來的衝動，我決定報名生平第一場路跑賽，正要勾選5K時，出現在背後的C一看選項：「妳應該去跑10Ｋ，妳可以的。」

就這樣，我報了從未跑過的雙倍跑程，真不知是初生之犢，還是耳根子太軟（笑）。

第一次總是令人記憶特別深刻。

6月的這一天，天氣晴朗有點悶熱，我們一家三口抵達了賽場──新英格蘭北郊一片寬廣的蘋果園。放眼望去，這無疑是一場比較像原野遊樂會的小型鄉鎮

比賽，參賽者攜家帶眷，把車停在玉米田旁後，朝泥沙步道上的起跑線聚集。

　　打從國中運動會時，因為什麼項目都不行而被強迫跑過幾次接力賽，卻總是拖垮全隊成績之後，再也沒有參加過任何運動比賽的我，心情忐忑又興奮地站在數百名參賽者群裡，槍聲一響，精神一振，跨開腳步，緊隨眾人跑向郊外的公路，接著轉進一條田野小路。第一次置身路跑賽中，我很快地發現平日的練習根本是休閒遊戲，當前有對手、後有追兵時，除了不斷地移動雙腳與擺動雙手，心肺辛勤地運作，腦中一片混沌。

　　小路轉身一變，眼前出現一片無邊無際、野草茂如叢林的曠野，牛馬羊在藍天下悠閒地吃草或休息。上坡、下坡、轉彎，鄉間風景寧靜而新奇。進入一條荊棘泥徑時，枝葉盤結的樹林蒼鬱濃密，陰涼處潮溼泥濘，全是我從未跑過的場景。最後一英里，我注意到其他參賽者都不見了。獨自茫然地跑在無界無線的跑道上，我甚至不確定是否仍在賽程路線上。這時，一名灰髮老婦來到身邊，確定我的方向無誤，並注意到我潰散的步伐：「加油，不要放棄，妳已經努力這麼長的路了，別讓我超過啊。」似乎無止盡的長路上，老人的鼓勵雖感心，但經驗顯然豐富且腳下仍有餘力的她還是超越了我，身影越行越遠。

　　彷彿世紀般久遠後，我終於從叢林裡脫身而出，眼前乍現一條開闊的綠草徑，遠遠地，我看到終點處正對著我奮力招手的父子倆。「加油，加油，媽媽！」兒子對我猛招手且大喊著。「我來了！我來了！」喃喃自語中，我提步喘氣，衝向吹氣墊架起的臨時終點拱門，投入家人懷抱的那一刻，不覺大聲喊出：「I did it！（我做到了！）」

　　那一刻，那份全力以赴後的痛快感是我從未經歷過的滿足。

　　不難想像，那場人生的第一場路跑賽引出了更多的比賽。之後，我更熱衷於跑步，經過一個嚴酷長冬後，我把目標拉遠，報名了生平第一場半馬賽，並開始按照一套為期十二週、針對初賽者設計的半馬訓練表練跑。

初半馬

　　我的人生初半馬叫做「雙龍蝦」路跑賽，每年6月在麻州北方以出產波士頓龍蝦著名的一個漁港舉行，賽程包括一英里和半馬，參賽者可以只選其中一場（單龍蝦），也可以兩場都參加（雙龍蝦）。

　　選擇這場比賽主要是因為它離家不遠，且賽場沿著太平洋岸，聽說風景優美極了。比賽前一天，C開車帶我去熟悉場地。沿著起點的港灣一路行駛至大西洋岸，浪濤擊岸，帆影點點；唯全程幾乎完全暴露於海岸烈陽下，我暗自希盼屆時不會太炎熱。

　　當晚，早早就寢的我不知是緊張還是過度興奮，竟失眠到凌晨兩點才朦朧睡去，五點不到就醒來，應了那句：「你只能做最佳的準備，但無法預期最後一刻會發生什麼。」不願放棄數月以來的訓練，我決定硬著頭皮上場。

　　抵達漁港小鎮的高中起跑點時，只見有多年舉辦經驗的主辦單位熟練有序，從停車到補給皆組織條理，若不提參賽者以年輕人居多（40歲以上的女性僅77人）競爭頗激烈，這般總數400多人的比賽對初賽者再理想也不過了。

　　有C和海奕在身旁總給我一份安心，但我知道很快就得獨自上路去面對至少兩個小時的挑戰，沿路身心不知會遭遇什麼狀況？我能順利地跑完嗎？

　　環顧周圍，男男女女的參賽者如參加一場戶外大派對般，談笑風生。排隊等著上流動廁所時，身後的愛麗絲一聽說這是我的初半馬，連聲鼓勵：「第一場最叫人興奮了，因為你不知如何預期或想像真實的狀況，但跑完一定滿懷成就感，享受它，祝妳好運！」

　　閒談間，我知道這位三十出頭的女孩參加過6場全馬、26場半馬賽。身材黝黑健美，神情自若的她散發著一股沉穩的活力。這位後來跑出1小時48分佳績的健將在我眼中，無疑是一位神采煥發的女神。

　　後來我發現，長年努力訓練的女性跑者都有跟愛麗絲相似的特質──不管個性活潑外向或安靜內向，她們自然展現出一份英姿迷人的運動員之美。

　　時間快到了，我隨眾人站在起跑線上，確定手錶的計時程式與耳機都已就緒，按耐住緊張，對前方路旁的家人微笑，舉起大拇指，讓他們知道我準備好

了。槍聲一起，我彈起腳步，隨著其他參賽者一行朝小鎮外圍的海岸線跑去，這次的路線是跑到海灣的尖端後折返，再循著原路回到起點。

雖在意料之中，但很快地我便感受到新英格蘭的地勢起伏不斷，動輒數層樓高的陡坡，跑起來對身心有多麼地殘酷。

沿途，坐在面海草坪上的民眾加油聲此起彼落，平時只允許居民進出的別墅區，這一天也開放讓跑者進入繞行。龐大的粉紅杜鵑花叢倚著宅院圍牆盛開，目光穿入門牆，可窺見豪宅的後院延伸入無垠的海洋，視野壯闊，若是平時，難免要想像一番臨海而居的奢華與浪漫，但此時，如一名苦行僧般的我心無旁鶩，只專注地與每一個里數奮戰。

慢慢地，菁英參賽者已開始折回。與他們迎面擦身而過的那一刻，我第一次感受到正式比賽的真實性，這些精健的跑者得經歷過什麼樣的苦訓，才能如此健步如飛。他們的投入與努力，絕非把跑步當消遣的業餘跑者所能夠體會與想像。佩服與感動之餘，我拋下矜持，隨著四周的跑友一起，大聲為他們喝采。

雖然有過半馬路程的經驗，競賽的奮力之下，才到8英里處我已逐感透支。不幸地，這時音樂歌單也全播完，沒有凱莉‧傑克森，也沒有Moron5稍微振奮精神，我任耳機留著耳裡，連拔下它們的力氣都想省了。

10英里處，前方的爬坡如一尊不懷好意的惡魔矗立，我拉拖著巨石般的身體，緩慢前進；突然間，一張最熟悉的甜美面孔出現在前方路旁。海奕朝著揮手的我直奔而來，與我奮力擊掌，大喊：「媽媽，加油！」車旁的先生也喊著：「加油，妳可以的！」

見到兒子和先生，我有如打下一針強心劑，精神為之一振，繼續爬行。然而，當他們父子回到終點去等時，真正的折磨也正式開始了。當我發現11英里處又是一段長坡時，腳已如灌鉛，舉步維艱。

更不幸地，這時意志比雙腿更加崩潰。「This sucks, this sucks（這個爛透了，爛透了）我為什麼要來跑這個，好累好累，我快死掉了，我永遠不要再參加這種比賽……，」完全想不起當初是如何興致勃勃地報名參賽，相反的，腦中全是：「半馬怎麼這麼遠，腿怎麼這麼痛，我永遠也跑不到終點……，」沒有，這一刻心裡完全沒有「You can do it！」這類的激勵念頭，只有詛咒與唾棄。

　　這時，形形色色的跑者——女孩、中年婦女、壯碩的男人一一超過我，心裡暗自驚呼：「怎麼可能！？他們怎麼可能還有力氣！？」不但無法去想跑完可以得到什麼獎牌，或要如何大吃一頓；老實說，我好累好累，只想癱在路旁大哭一場。

　　當然，我是後來才知道為什麼後面的里數特別難，訓練不足之外，我犯了許多新手跑者最常犯的錯誤，一開始衝太快了，起步的8分30秒／英里（約5分17秒／公里）是我從未跑過的快速。槍聲一響時，我有多興奮，多有精神，腳步多輕快，我飛馳，我衝。我心想這跟存款一樣，趁體力與時間充足時先把路程多跑一點下來存，到了後面沒力時，再來慢慢消耗省下的時間，如此，平均成績應該會不錯。

　　顯然地，我錯了。

　　每個有經驗的跑者都會告訴你，跑步跟存款不同，一開始跑太快只會更快透支，一點好處也沒。配速不當是新手常見的問題，剛開始參賽時，現場熱絡的氣氛加上精神正好，新手常興奮地起跑，甚至以前所未有的快速向前狂奔，不難想像，到了後來，非但體能上苦不堪言，成績上更是前功盡棄了。

　　理想的配速應該是以正常、甚至慢一點的速度開始，逐漸加快，在抵達終點之前仍有衝刺的體力。

　　但是，當時跑齡初淺的我平日一個人埋頭地跑，甚至連什麼叫做「配速」都沒聽過。

　　那時，我只能重重地嘆著氣，聲音大得自己都可以聽見，把所有怨氣（不知怨誰）從心肺最深處嘆出後，開始倒數，每一英里劃分成十個單位，每0.1倒數：10、9、8、7、6、5、4、3、2、1，接著再重複一次，把痛苦的單位盡可能地縮到最小。

　　「快到了，終點就在轉角。」當完賽者出現在學校入口處時，我的眼前終於出現一抹生機。「再push一下下，沒錯，就是這樣！」他們湊身，為後繼者鼓掌，加油。

　　逼出最後一絲洪荒之力，猛擺雙臂，撐提雙腿，我往前衝，一直衝，一直衝，直到跨越那條美麗神奇的終點線，呼！

勝於之前的那場10K比賽，因為賽程更漫長、更痛楚，這一次我想哭，我想笑，我緊擁著家人大叫。沒有什麼比一場長跑後，踏入終點那一刻更令人開心、放鬆、滿足與自傲了。

「下次說不定還可以跑更快、更輕鬆一點！？」然後，如鬼魅上身般地，跑完還不到5分鐘，這樣的念頭竟馬上冒出心頭，多麼怪異而奇妙啊。

然而，也就是這一份「應該還可以更好」的信念，讓我一場接一場地報名，一次又一次地重複：跑時痛苦掙扎，跑完很快又抱著希望上場。讓我癡迷地相信：每一次都是一個全新、可能跑得更好的機會。

參賽督促了我平日的練跑，給了我努力的目標。比賽時在大自然或城市中飛奔的快樂與艱辛，與各種年紀體型的跑者競爭所得到的刺激與啟發，尤其當中許多跑了數十年的老人，其矯健的步履與堅毅的神色，不斷地激發我的鬥志，讓我也想一直跑下去，無形中也改變了我對中、老年的認知與態度。

從第一次站在起跑線的緊張、不知如何預期，到數十場比賽後的從容，我跑過不同規模、地形環境、天候、參賽者組合與個人身心狀況的賽程，也跑進了一片全新的人生風景。

給初賽者的小提醒

- 比賽前，就算無法跑到賽程所需或更遠的里數，至少要跑過接近的距離（半馬10英里／16公里、全馬20英里／32公里），讓身體先體驗一下那個過程。

- 一般而言，你所需的完賽時間越長，越需要補充水分。若你能在17至20分鐘之內跑完5K，可能不需要補水；但若你需要45至60分鐘才跑得完，水分就變得很重要。不管是參加什麼距離的比賽，最好是在身體水分與養份兼具的狀態下進行，賽前2至3小時前喝個480至600CC的水，能讓身體有足夠的時間消解額外的液體。觀察你的尿液，呈現非常淡黃的顏色為佳。至於中長以上的賽程，比賽中可再繼續補水和運動飲料以平衡電解質，尤其是天熱時。

- 若習慣有音樂伴跑，賽前別忘了檢查手機和耳機的電池是否充足電。

- 防曬與護唇之外，女性跑者在半馬以上的賽前或平日長跑訓練時，別忘了在內衣下的胸前（男性可塗抹在乳頭上）、腋下和手臂內側等衣服摩擦處擦點凡士林之類的潤滑油，以免破皮之痛。

- 賽前先到跑場看看，或開車繞一圈，就算不能在現場跑一下，至少知道沿途是什麼樣子，比賽當天好有更多的心理準備。

- 用一個小背包多裝一點水和補給品，並帶點面紙和衛生紙以備在流動廁所裡使用。美國的中、長賽程一般沿途都會有供水和運動飲料的補給站，賽後主辦單位也會準備水、香蕉、營養條等簡單補給品，更大型的比賽，贊助的餐廳甚至會推出披薩、義大利麵、濃湯等受跑者歡迎的高熱量食物；無論如何，隨身多帶一點水和營養點心準沒錯。

- 天冷時，準備一件外套。下雨時，多準備一雙襪子和鞋子。另外，多帶一套換洗衣服、止汗劑或噴了聞起來香香的東西，尤其如果你是搭大眾捷運系統回家，或者，要跟朋友去早午餐大吃一頓慶祝。沒有人喜歡跟一個全身汗臭的人在一起太久，況且這也是對旁人的一種禮貌。

- 賽前幾天多跑幾公里對你沒有太多幫助，最好是賽前兩週開始減少里數，讓身體充分休息待命。

- 如果錯過一天或兩天的訓練，沒關係，天不會因此而塌下來，你也不會因為這樣而退到原點。但若好幾天，甚至幾個禮拜沒跑，可能得三思。半馬或全馬賽前最好不要錯過你的長跑，若參加5K或短距離比賽，則最好確定有做過一些速度練習。

- 一個晚上沒有睡好不會太影響你隔天比賽時的表現，別讓它太打擊你，照原定計畫去參賽。但如果連續好幾個晚上熬夜或缺乏睡眠，最好慎思，這時補眠可能勝過勉強去參加一場得長途跋涉、痛苦不堪甚至對身體可能造成危險的賽程。

- 比賽那天避免穿全新的鞋或內衣，選最舒適與熟悉的。如果是新鞋，一定得在賽前先跑個3、40公里，讓腳與鞋彼此適應。

- 比賽當天早一點出門，你不知道途中會有什麼突發狀況，況且早到可以充分暖身、適應現場氣氛和從容如廁，記得：不論是否有需要或只為了減輕緊張，去排隊上廁所就是了。

- 不要掛別人的號碼牌，也不要把號碼牌給別人去幫你代跑，那會讓你成為一個騙子，影響你的紀錄和名譽，甚至失去日後參賽的資格。最重要的，萬一發生意外，主辦單位必須依照號碼牌才能通知你的親友和協助你。

- 如果有配速員，站在他身後，如果沒有，往隊伍後面站一起，除非你的速度很快，不要擠在最前面，甚至擋住菁英跑者起步，尊重他們，對辛苦訓練的他們而言，每一場比賽都無比重要。

- 起跑前，檢查一下鞋帶是否繫緊。

- 比賽當天緊張是正常的，因為充滿未知。想想過去幾個月的訓練你都撐過來了，這次也會一樣，想像完賽的滿足感就有助於順利完成。

- 長程的比賽，起跑後，不要一下子衝太快，不要一下子衝太快，不要……，因為很重要所以要說三遍。剛開始興奮緊張又充滿體力，槍響後大家往前衝，你一定很難克制自己，但是千萬要記得這點。

- 做自己的最佳啦啦隊，尤其途中當你一個人跑在漫漫長路上，一定要不斷地為自己加油。鼓勵自己，說些像是：「你很棒，你看，你真的在跑10K或（半）

馬拉松呢！加油！」的話。

- 按照計畫補充水分和養分，不要等到口渴或潰乏了才補充，身體需要時間吸收。每個飲水站都會提供飲水，補兩次開水後可以補一次運動飲料，但不要只補以糖分為主要成分的運動飲料，身體需要水；總之，找出適合你的補給方式。

- 如果賽前訓練不足或配速不良，你很可能在最後3英里或更早時撞牆，當身心皆痛苦不堪、感覺撐不下去時，與其悔恨、詛咒或放棄，不妨跟大腦玩遊戲；把長距縮成很短也比較容易達到的目標，比如，把最後一英里打成一百個單位，從一百倒數到零，這時你面對的不再是似乎漫長無盡的一英里，而是一百個短短的0.01英里，與其與一個龐大的怪物作戰，專注在降伏一個小小的部位，然後你會發現，你跑完了。

- 真的跑不下去了，用走的沒關係，記得這是一場學習的過程，這次不滿意，還有很多下一次。

- 第一次參賽，拋開時間和速度，把目標鎖定在完賽。做為一名跑者，一輩子只有一次初賽，好好去享受與珍惜這個獨一無二的經驗。

03 CHAPTER | 笨鳥學滑雪

下雪了！

　　清晨，雪花如棉絮般飄落，覆蓋了陽臺上的桌椅與木板地。草坪白中透綠，清楚可見季節的轉替。不管心裡如何抗拒，冬天還是正式地來了，從此展開五、六個月漫漫長冬。

　　作為一名新英格蘭的跑者，動輒攝氏零度以下的嚴冬，尤其當暴風雪來襲或過後，雪壩處處，路滑不堪，無疑是出門最大的阻力。大門一開，冷冽的空氣襲來，世界像一座冰庫般等著我。同時，背後暖氣呼呼，舒適的室內如一名難捨的情婦。那幾分鐘最難，出門與否，意志力進行著拉鋸戰，總需要莫大的決心才能把自己推進酷寒裡。

　　人行道上到處是積雪，只能改跑在馬路邊緣，小心避開白天雪溶後，入夜後又立即結凍的滑溜黑冰。樹葉幾乎全掉光了，殘留的落葉被風吹集在積雪角落裡。偶爾可見一兩個四季無阻的跑者，如出一轍的冬衣、手套、帽子等禦寒裝備，臉上一定還戴著墨鏡以遮擋冬天時

更刺亮的太陽。空氣冷冽徹骨，可以清楚地感覺每一口冰冷直灌心肺。比起春夏的豐綠、秋天的繽紛，深冬的景色蒼茫而單調。縮著頸子，我加快腳步，知道只要腳步不停，身體慢慢地就會暖起來。

如此長而凍的冬季，只能趁偶爾天候稍暖時出門跑步，畢竟無法維持體能，而健身房緊閉的空間也無法取代戶外的新鮮空氣與自由無拘，跑步進入第四年時，迫切地想到戶外活動的我，終於決定面對長久以來對高度與跌摔的恐懼，學滑雪。

新英格蘭雪山遍佈，滑雪是冬季最盛行的活動。小五那年，海奕跟著學校的社團到附近山嶺學會滑雪後，每到冬天，父子倆便興致地計畫著攻略各座山嶺。嚴冬裡，他們搭乘纜車一趟趟地上山，抵達幾乎可碰觸到雲層的最高頂，駕坡臨野，凌風飛馳。

這些滑雪之旅裡，生長於臺灣離島、成年前從未見過雪的我，除了跟去幫先生分擔點長途駕駛之責，其餘時間大多待在暖氣木屋裡寫稿、看書或影集，跟其他正在上網或針織的婦女一樣，等待著愛滑雪的家人滑到關山後才現身，看著他們脫去一身溼重的裝備，滿臉紅潤滿足地暢談一天的樂趣，最後，陪著他們扛起滑板，踏上歸途。

有一年，父子倆買了一票可滑遍北美39座主要滑雪區的套票，省下不少昂貴的費用，我也跟著見識到多處之前從未踏足的大型滑雪度假區。

週末一到，他們便裝備入車，往北邊山裡而去，滑行在重巒疊嶂之間，凌駕於眾嶺之上，樂此不疲。

久了，跟屁蟲的我不免覺得室內的等候長日漫漫，甚至無聊。深冬的某一日，我終於勸服了自己，第一次穿上厚重不適的雪靴，來到層巒山嶺旁的小丘，與四名年輕人一起上了兩個小時的滑雪課。

姿態僵滯、腳步踉蹌，中年的四肢與神經如臨大敵般地踏出第一步。果不其然，眾目睽睽之下連摔了幾次，幸好六旬的老教練麥克不離不棄，緊陪在旁且一再地把笨重、笨拙的我扶起。

沒想到滑雪如此費力，雖然只是在一個短小的山丘上下練習，一堂課下來，汗流浹背、雙腿疲累難舉。

不久，身邊年輕的同學們紛紛掌握了訣竅，四散滑行，雖仍有跌摔，已開始嚐到滑雪之樂；而我依然踉蹌僵硬，緊張中有幾度甚至把試圖拯救我的教練一起拉扯跌摔，讓人不免擔心老人家因我這笨徒而摔傷。

眼看課堂已快結束，心想這可能是我的唯一也是最後一堂滑雪課，罷了，我放開雪杖，放膽往下滑衝，一到坡底，推開雪板，如麥克重複教導地切出一個披薩形，成功停步；頓時，教練和同學們掌聲雷起。

告別時，麥克給了我一個大大的擁抱：「下次見，別忘了要一直滑下去歐！」

不去想有沒有下一次，那一刻，我只迫不及待地想踢掉那租來的痛腳雪靴，舉起從木屋酒吧點來的冰涼「藍月」生啤酒，向一直聳恿鼓勵我且同樣感到歡欣的先生與兒子致意；然後三人一起靜享日落前，眼前那片白靄山嶺的沉靜。

數周之後，更冷更凍。淺嚐滑雪滋味的我經不起先生的慫恿與鼓勵，一同踏進鄰鎮的滑雪用品店，原本是為了避免滑雪區昂貴的租借費，事先租了比較便宜，誰知進門後，年輕的滑雪好手店員熱心地推薦，加上知我天性節儉的先生一旁推波助瀾：「新設計的雪靴，比起租借的舒適多了；而且，就算妳只滑個幾次也比每次用租的划算……。」就這樣，我擁有自己的一套裝備：雪靴、雪板、雪杖、手套、安全帽、護鏡和襪子一應俱全。扛著暱名「蘿西」的雪板，在被趕鴨子上架與歡喜交織的奇妙心情下，走出店門。

　　週末，回到雪山上，穿戴著全新裝備，我有模有樣地登上新手專用的「魔毯」——一條載送初學者上小山嶺的電動爬升皮步帶，開始獨自練習掌控往下衝的速度、左轉右轉、停止等基本技巧。身旁盡是孩童，有的危顛地舉步，有的已能放手滑行，跌倒後就爬起，毫不為意。很快地，一張張如蘋果的小臉，一路溜滑到坡底。而我始終慎恐僵硬，有幾次還因為或想避開面前的小孩，或怕撞上坡底幫女兒錄影的媽媽，怎麼也煞不住車，棄甲狼狽。

　　更糟的是，每次摔倒過後恐懼就更加放大了，滑雪難度越來越高，更容易出現失控地往坡下衝的情況。距離滑雪課不過幾個禮拜，我已把所學的全還給老師，毫無技巧而言。最慘的一次，我滑到中途便緊急煞車，卡在坡中動彈不得，眼前剩餘的坡虎視眈眈地隨時可將人吞沒（其實最糟不過就是跌摔一場而已），但此時緊繃的肌肉完全不聽使喚，只能心驚膽跳地凍結於小丘上，任淚在眼眶中打轉。

　　「妳需要幫助嗎？」一位看顧魔毯的工作人員走過來，我點點頭，「你可以幫我脫開嗎？」我指指腳下，動也不敢（不能）動地看著他幫我脫掉一支雪板。得以鬆動身體後，我解開另一支雪板，向解救者道謝，扛起雙板，拾起雪杖，朝山下走，暗自發誓：「再也不滑了！」

　　「不能半途而廢（No quitting halfway）！」身旁響起一個熟悉的聲音，如從天空騰雲駕霧而來般，C不知何時悠然地出現在我身邊。

　　還來不及哭訴，他已要我再度套上雪具，承諾一路幫我，不會讓我再跌倒。「不要不要，我不能不能……」我猛搖著頭說：「我不會我不會，我永遠也學不會……，」像個3歲兒般，挫敗一整天的我只想徹底放棄。這時，海奕也來到身邊，溫暖地鼓勵我。再度環顧四周，只見男女老幼不論是3歲兒或老人，全都那麼自由且自然地滑行飛騰著，我的鬥志不禁被激起：「這麼多人都會，應該沒那麼難。」

　　先生近身指導下，我再度鼓起勇氣跨出腳步。兒子守在前方，一派輕鬆地倒退著滑，看著我，隨時準備扶住如幼兒學步的媽媽。

　　把雪板直指前方，推開雙腳，我決定再給自己一次機會。從小到大，我學什麼都慢，尤其是運動，這次也一樣，除了一次次地反覆練習，別無它途。

　　此後，佛蒙特的雪山上，不論狂風嚴寒雨雪，我持續上上下下「魔毯」，提醒自己更放鬆，再大膽一些。上行下滑、迂迂迴迴、跌跌爬爬，我反覆練習，決心與冰雪為友、與恐懼共處。一天結束時，我與海奕分享一塊熱騰的「小木屋鬆餅」，犒賞自己。

　　冬季結束之前，憨膽（閩南語：無知而勇敢）的我逐興起告別魔毯，搭上纜車，嘗試正式雪道的念頭。正好山群裡有一條為初學者而設的長雪道，我便決定從此著手。

　　這天上午，我在先生和兒子的陪同之下搭上纜車。不稍說，隨著身體暴露在外的露天長纜車越爬越高，望著腳下空蕩的離地高距，我開始緊張了起來，無心欣賞沿途白雪覆蓋的寒冬美景，一昧擔心著到了頂端的卸客處，纜車不知離地面還有多高？人會不會被移動中的座椅騰空拋出？又想，纜車只載人上山，不送人下山，上去之後不管情況如何我都得硬著頭皮滑回山底，雖知最糟不過就是一路摔滑，或是扛著雪板長途走下山，然而，未知的恐懼漸如惡魔籠罩，心跳隨著纜

車上升的高度而不斷加速；當纜車終於攀至3610英尺高的山頂時，我倉皇地離車落地，此時心緒已亂、腳已軟，未戰氣先竭。

「滑過那個山頭，接下來就比較平坦了。」先生對著發抖的我安慰地說，但我對這個凡事正面看待的男人半信半疑。

兒子前導，先生隨後，一前一後護法，在他們連聲「不要怕，慢慢來」的鼓勵下，我怯步跨向一條豎著初級綠色標誌的長雪道。果然，才開始往下滑，猛見山之陡險、冰雪之滑溜，雙腿頓時完全失控，人直直往下衝，怎麼也停不下來。尖叫著：「我要摔了！我要摔了！」什麼披薩或薯條，所有學過的技巧全被拋向雲端，啪一聲，人已狠摔，雪板脫落，四腳朝天地癱陷崖邊，魂飛魄散乎。先生迅即從上方拉住我，兒子來到我腳下擋護，「媽媽，我撐住妳了，別怕別怕。」但恐懼教人失心失控，我使勁地把先生往坡下猛拖，結果不難想像，三人鏈環一

起往下直滑,「我要死掉了!」大腦一片混亂的我尖叫亂叫著。「你們需要協助嗎?」滑過的雪客看到我們的狼狽樣,停下關心。家中兩個滑技傑出的男生又困又無奈,一家三口深陷泥沼,全只因我對未知的無端想像與莫名恐慌。

起身、深呼吸,終於從慌亂中掙脫,父子倆確定我可以往來路攀走、回到不遠的纜車操控室求助後,便繼續他們的行程,隨即消失在無垠的山脈和林間雪裡。扛著雪板,拐著輕微扭傷的腿,我逆向走回山頂。操控室的年輕工作員與地面聯繫後,不久,一位救援隊的灰髮老先生駕著雪上摩托車來到身旁:「妳受傷了?」身穿鮮紅救護制服的他從亭子旁的帆布下,拉出一架雪撬,幫我平躺在車後的拖板上、繫緊安全帶後,身手熟練地啟動引擎,拖我下山。

風馳電掣般,車往陡坡下衝俯。貼著冰雪地面的背脊下,山的起伏震動襲擊肺腑。風呼呼直吹,腦中浮現愛斯基摩人拖載貨物、縱橫雪地之景。緊閉著雙眼,我努力不去想翻車或被拋出板外、葬身雪堆的可能性,試著信任這位滿面風霜、名叫馬克的老人,並默禱著,讓這一切盡快結束吧。

雪撬停止,終於回到人間,我睜開眼睛,「背按摩得還舒服嗎?」馬克打趣地,我搖頭苦笑,突然聽到背後一聲:「真的是妳!」一轉頭,先生按下手機鏡頭,捕捉了我狼狽又好笑的一幕。

保健室裡,中年的護理女士檢查、確定了我的腿無大礙,只需冰敷處理。當她再度拉開簾幕,父子熟悉的面孔一出現,我竟喜極欲泣,不用說,一場短暫的滑雪處女秀也被迫宣告中斷與落幕。

在哪裡跌倒,就從哪裡站起。

深冬週末,熟悉的佛蒙特雪山上,零下7度C的冷冽寒風裡,包裹緊密、全副武裝的我再度搭上纜車,朝山頂而行。連續兩天的大雪後,蜿蜒如蛇的雪道白綿厚實,是滑雪人最愛的粉雪狀態。隨著緯度攀升,四人共乘的纜車在狂風中晃盪,騰空的腳底下,滑雪客簇簇的身影由遠而近而遠而消失,兩旁的針葉林覆滿新雪,放眼望去一片銀白世界。

纜車終至盡頭,乘客紛紛落地,朝各自喜愛的雪道滑去。一右轉,無垠的山脈盡現眼前,蔚藍天空下,這片素有「東岸之獸」美稱的山峰層巒疊嶂、連綿天際,美得令人屏息。

　　身心就緒後，我慢慢地移動腳步朝山底滑行，小心地避開奔馳的熟手與莽撞的滑雪客。經過第一座崖邊時，我煞車駐足，沒錯，這就是一年前初學滑雪的我慘摔、困陷，最終由救護人員以雪上摩托車拖載下山，結束惡夢一場之處。

　　一年之後，站在同一座山頭、同一個轉角處，天空如記憶中般蔚藍，空氣同樣的冰薄。站在崖邊，仔細地俯視這一片山，白雪皚皚，群峰巍峨，景色依舊懾人，但並不如記憶中的可怕，甚至顯得可親。

　　飽覽自然美景後，我敞胸提氣，御風而下，隨山或迂迴婉轉，或俯衝與風競賽，姿態與技巧無疑尚有待進步，但一路暢行，直至山底。

　　無數深寒、狂風、豔陽與雪雨之後，難以置信地，我與山、雪建立了迥異的默契。上上下下，跌跌爬爬，慢慢地，我懂得如何控制雪板與腳力，如何把重心放在單腳，逆向踩雪以轉向，如何從傘型改向平行順滑。一路觀察偷師好手們如何以矯健的身姿俯衝、左傾右斜、板刃切冰，颯爽英姿濺起滿天飛雪，或如輕功凌越出神入化。我懂得調整心態，傾聽雪的狂言或細語，熟悉其脾性：乾雪刮裂刺耳，溼雪泥濘拖滯，初雪綿密柔軟。只要控制好心緒與板刃，雪不會滑摔、拖滯甚至埋滅我，反而會幫我、推我前行。我也學到，爬坡前需要更用力滑行以累積上坡時的衝力，下陡坡時轉身逆向可減速，來到平坦處，調整氣息稍歇腿力，繼續迎接下一段起伏，一次又一次地，我終將安抵目的地。

中年的我，終於學會了滑雪。

不禁想，如果每一次摔跤後便放棄了滑雪，或自我設限於平坦的學習區，不再搭纜車上山，我的記憶不但將永遠卡在那些慘不能睹的跌倒畫面裡，也將永遠無法領略獨自置身雄偉山脈間，當陽光灑遍無人林間與雪道時的神祕靜謐，或風呼嘯抖落樹梢時，細雪吹拂臉上的冰柔，更無法追隨另一半的身影，趕在夕陽染遍眾山脈之前，並肩佇立於高崖邊，俯視一片開闊無垠的世界，一起經歷那份天地之間巨大與渺小並存的震撼。

如果每一次摔倒後，就對滑雪避而遠之，我將無法精進技術與經驗。**不論學習任何新技能，若要成為專家需要天份、個性、努力和運氣，並非人人可為；但要學會或勝任該技能，通常只需要練習和決心。**不論過程得歷時多久，若不放棄，一路的甘苦終將累積成深刻的經歷。過程中或許會受挫甚至受傷，因為經驗與知識尚不足，但若不心急，休息修護後再度上陣，總會再度進步。即使因為需要重新調整而退後幾步，但來來回回地，終將達到某種程度——一個比剛起步時更好的程度。

滑技之外，如果沒有繼續上山，我也不會邂逅沿途無數的故事。比如說，有一回與60歲的單身女子珍搭同一部纜車，同為新手的兩人相談甚歡，決定相偕挑戰一些較容易的路線，結果相偕滑了一整天，聽她暢聊同行的73歲男友和80幾歲的友人們如何熱愛滑雪，她如何為愛情和友情勇敢學習新技，如何過著約會、旅遊、滑雪、唱歌等，活躍無比的退休生活。

另外還有58歲的女教練海倫，三十幾年來以山為家，協助教導盲童，以聲音引領他們享受滑雪的樂趣。故事還有，許許多多紐約和康州客，一早五點多出門，開了四、五個小時的車，只為這片山之壯闊、雪的綿厚，只因上了這「白色鴉片」之癮。

最珍貴地，如果沒有上山，當兒子侃侃而談如何自我挑戰、征服了一座座的雙黑鑽石雪道，如何飛縱雲海之下、陡峭蔓枝的林雪間，如何跌倒、克服恐懼，如何嚐到無比的快樂與成就感……，我恐將無從領會、難以共鳴。因為滑雪，我又多了一項可以和青春期的男孩同行的戶外活動，得以不斷地互相鼓勵、彼此喝采。因為滑雪，我與心愛的人更親近。因為同處於一座山，我們一起蛻變與成長。

滑雪教我的幾件事

- 你一定會摔倒。
- 順應天候，盡力而為。雪的脾性奧妙，天候不好時，不要抱怨，順其自然。
- 根據氣候適當地穿著，保暖比花俏更重要。
- 恐懼主要是來自於對未知的想像，大多時候，真實並沒有那麼的可怕。
- 與其老想每一個步驟：該怎麼轉彎、怎麼停止；有時，讓身體自然地引導你，會滑得更輕鬆。
- 相信直覺，不該進入的雪道或樹林，就改道，安全最重要。
- 循序漸進，擁有駕馭小坡的技能後，再往高山行，不要眼高手低。
- 只要練得夠久夠勤，大腦和肌肉養成習慣了，一定會有成果。
- 不管什麼年紀和體能，都可以學習新的技能。
- 山嶺之多，永遠征服不完。世界之大，保持一顆謙遜的心。
- 強壯不是從無挫敗，而是跌倒後能夠一次又一次地站起來。
- 人生不是旁觀，而是參與。

04
CHAPTER | 與青少年並肩奔馳

經過了近六個月的長冬，春天終於冒出枝頭。下午放學、做完功課後，海奕就換上球鞋出門去。習慣在上午跑步的我，有時會陪他走到門外的高坡上，他起跑後，我繼續散步，估算他的時間，再到他回程一定會經過的街角處會合，一起漫步回家。

約一年前，海奕加入我們的跑步行列，剛開始跑距並不遠，但他長手長腳地，一飛奔，很快就不見蹤影。逐漸嚐到跑步的興味之後，兒子開始好奇地向一片片從未單獨踏足過的領域前行。有一天，街角處久候不見他的身影，手機一接通，「媽媽，我沿著馬路一直跑一直跑，跑到××（臨鎮）來了！」電話另一頭的他開心地說著。

下班的車潮正急，我們約好，他立刻掉頭，我往前走，兩人預計在中途會合。

傍晚的微風裡，街道旁，木蘭、水仙、櫻花、梅樹、蘋果花一一萌芽

綻放。有些樹才剛甦醒，冬天殘留的枯葉裡掛著一兩簇雅緻的小花，就那麼幾朵，但已足以讓大地從寒冬裡脫穎而出，洋溢著早春的氣息。

遠遠地，身穿白色運動上衣的男孩終於出現。

見面時，我一如往常地先肯定他。不管是一英里或兩英里，孩子只要願意跑都比宅在家健康。有時，看他滿臉通紅，喘氣調息，我便不開口，先靜靜地陪他走一段。幾年的跑步經驗讓我熟知，對一個剛剛衝回終點、氣都還沒喘過來的初跑者問東問西，是一件多麼討人厭的事。

再度開口，說的都是關於跑步的事：住家附近的路況和適合跑的路線，再度叮嚀出門一定得帶手機的重要性，注意配速（小伙子總是一下子衝太快，難免後繼無力），若出現腹絞痛有可能是身體缺水或是肌肉充氧不足；氣溫太冷太熱、吃太飽時都會影響整體的感覺與速度；還有，盡情地跑但也要保留回程的體力，否則像今天，媽媽得走很遠的路來尋他也挺累的⋯⋯。

「媽媽，妳放心，我會小心的，謝謝妳傳授我這麼多經驗和技巧，我越來越喜歡跑步，妳知道嗎，跑完人很放鬆，感覺很棒。」兒子說。我點頭微笑，可以體會青春期精力充沛，得以暢快地釋放是何等的樂事。

從沒想到，有一天會以跑步陪兒子度過青春期。

從小，海奕游泳、踢足球、滑雪、騎車、溜滑板⋯⋯，為了身心健康，我們要求孩子的生活裡一定要有運動；儘管如此，生性沉穩的他，日常還是以靜態活動居多，很多時候，他可以一邊聽有聲書一邊拼樂高，數小時飛逝也不為意。

先生和我剛開始跑步時，海奕習慣騎車在前方當前鋒，繞湖一圈後，早早回到起（終）點的他，就會到一旁的遊樂場玩耍、等我們。

海奕從小每一場的練習賽與正式比賽，先生與我一定會到場為他加油喝采。而當我開始參加路跑賽之後，不管多早多冷，海奕和爸爸也一定會到場幫我加油。起跑線上，我總可以看到他倆對我舉起大拇指或猛揮手鼓勵。我起跑後，父子倆會在舉行賽事的小鎮閒逛，或是找家咖啡店工作和寫功課。有時，當我跑到最為艱難的最後幾英里時，父子倆會突然出現路旁，為我打氣或陪我跑一段。而當我精疲力盡地接近終點時，總會看到那兩張最熟悉的面孔，為我吶喊加油。當我跨過終點，他們一定會送上大大的擁抱與祝賀，遞上水或補給品。

陪賽給了海奕置身現場的體驗。起跑前，他可以感受到參賽者的興奮、媽媽的緊張。賽後，見我舉步維艱，他攙扶我。當我的成績不如預期，他鼓勵我：「媽媽，妳盡最大的努力了，我很以妳為傲。」一次又一次，他體會到比賽的刺激與運動員自我挑戰的精神。

滿12歲那年，春天乍暖還寒時，海奕正式開始跟我們一起跑步。

剛開始，只曾在學校體育課跑過400公尺的男孩，5000公尺跑得苦哈哈，抽筋，呼吸不順，跑不下去……，抵達終點時，他皺著臉，並沒有得到最好的經驗；然而，小孩子調適得很快，幾次後他便順利地跑完全程，「我做到了！」露出燦爛的笑容。

當我第四年報名「雙龍蝦」，考量比賽規模不大且非常適合初賽者，其中一英里的賽程，無須花太多時間，也能獲得正式的參賽經驗，我便徵詢海奕願不願意一起：他跑一英里，我負責後面的半馬。誰知，他立刻應允。

為了迎接兒子的第一場正式路跑賽，不難想像，賽前我耳提面命、傳授各種比賽細節，而他一貫地神態自如，究竟聽進了多少至今是個謎。比賽當天，他神情專注地緊靠著起跑線，俯身就緒，起跑後，很快就領先一群成年跑者，不到幾分鐘便高舉著雙手勝利地奔向終點。等在線外的我們，完全沒料到他會那麼快地跑回來，我難以置信地跳躍尖叫。結果，生平第一次參賽的他，以4分53秒／公里的成績奪下這一年18歲以下組別冠軍。

冷雨中，我隨後以分組第31名，跑完個人第七場半馬賽。

「謝謝妳啟發了我，媽媽。」領過獎牌時，兒子擁著我説，這個平日幽默又溫穩的男孩，欣喜之情溢於言表。

當下我們相約，再接再厲，明年再來。

之後，我們一有機會就一起練跑，最常去的是臨鎮的湖邊，一圈下來，兒子總是跑在我前面，到了終點後，熱愛音樂的他一邊聽著音樂，恢復體力，一邊等我。

慢慢地，海奕的路跑經驗與知識不斷地累積，幾次因水分補給不足而導致身體不適，讓他學會適時適當地補充水分。春寒料峭裡，當他堅持穿著運動外套上路，半途時熱得受不了，脫掉外套（我後來才知道，他裡面什麼都沒穿）裸著上半身跑了一會兒，發現有女生經過，害羞地又穿回外套，結果差點沒熱量，從此他學到寧願少穿也不要穿太暖，直到現在，即使是攝氏7、8度C的氣溫，他也是短衣、短褲上路。

隔年4月，騎車、游泳都難不倒他的海奕，決定挑戰生平第一場小三鐵。

每年一度、前後三大的聖安東尼三鐵競賽（St. Anthony's Triathlon）是佛州港灣的一項盛事，主辦單位幾天前就開始密集佈置，在草坪上架設出一排排供參賽者放置單車的鐵架、準備成排成排的移動式廁所、搭建供海泳者上岸的臨時階梯與龐大的報到帳篷、參加商展的攤位展示出各式運動用具與服飾，以迎接來自全美各地的數千名參賽和觀賽者。整個週末，天空下旗幟飄揚，整片沿海公園頓時化身成一座三項全能的運動場，人潮湧入旅館與餐廳，為港灣帶來各種商機。

比賽前夕，海奕和其他小選手依規定先參加賽前的講習。雖是少年組，所有參賽者仍必須遵守與專業賽程相同的規則：先戴上安全帽才能提車，得先把車推過一定界線後才能上車，掛車時必須在一定的距離外就下車用推的，比賽中若要超車，一定得從左邊，且超越對手的時間不能多過15秒等等，一旦違規就會被扣時間。

海奕參加的11至15歲的小三鐵，必須一口氣完成：

游泳：200碼

騎車：5.4英里（8.64公里）

跑步：1英里（1600公尺）

　　這些項目對海奕並不難，但第一次參與如此大型的競賽，尤其是每個項目轉接有一定的程序，全程能否全神貫注、速戰速決，甚至最基本的，順利完賽，對這位性情溫和的淡然哥，盡是挑戰。

　　講習後，我們陪海奕去試騎比賽的路線。放眼所及，到處都是運動裝扮的大小參賽者。南方明媚的陽光下，空氣瀰漫者旺盛的活力，讓人跟著興奮又不免緊張起來，想到屆時人潮擁擠，規則繁雜，擔心兒子在轉換項目時出錯、騎錯路程、被擠落車弄傷、鞋帶鬆脫⋯⋯；當初雖在我們的鼓勵下一時興起報了名，但這位12歲的男孩畢竟是個毫無大型比賽經驗的幼嫩新手。

　　比賽當天的清晨，我們五點半就起床。由於賽場就是公寓外的沙灘公園，有著地利之便，不到六點半我們已來到第一項比賽所在的公立游泳池。

　　天色雖早，但現場氣氛已非常熱烈，到處是精神抖擻、神態嫻熟的大小參賽者。「我竟然蠻興奮的。（I'm actually excited about this.）」海奕一邊説，一邊跟著其他參賽者一起排隊、等著手臂和小腿被劃上以利辨識的編號，把單車放在註明個人編號的車架上，把衛接時所需的鞋襪等用品攤開在地上備用；然後，

他走進泳池等待比賽正式開始。

池邊，YMCA人員帶動全場暖身，一名少女泳者帶領大家唱完國歌後，槍聲響，小小參賽者們一一跳入水中，來回競游八趟後迅速上岸，奔向泳池外的停車處，穿襪、穿鞋、戴帽、推車、上車、上路、完騎、推車、掛車、綁上號碼腰帶、起跑……，每項比賽環環相扣，必須又準又快。

先生和我揪緊著心，在每個賽場邊跑來跑去，密切注意著兒子的身影，一見到他上岸或從馬路遠處騎車而來，便扯開嗓了：「Go！Go！Isaac！」大聲地為他加油，比自己參賽時要緊張百倍。

最後階段，我們遠遠地看到海奕朝終點衝刺而來，我開心地吼叫。想到打從報名以來，不論是波士頓初春的低溫或佛州的烈日裡，他最常丟下的是：「媽媽，我出去跑步了。」轉眼不見蹤影。賽前，他早上練跑，中午游泳，下午騎車，為了生平第一場三項全能比賽，密集地訓練。終點處，我趨前迎接，緊抱著兒子，淚滴了下來：「孩子，你做到了！」

「我以能夠參加這場比賽為榮。」從一個觀賽者到參賽者，海奕得到一次極為寶貴的經驗。完賽後，他為其他競賽組別加油，目睹八旬老翁努力不懈，

為奮力踩著小單車的幼童歡呼。他體會到競賽的激烈，運動員必須遵守規則與奮戰的精神，當然還有完賽後的成就與榮譽感。

除了以孩子為傲，置身現場的我也為競賽的熱烈氣氛所眩迷。專業參賽者的俐落身姿令人敬佩，而許多小運動員們，自若的神態，俊俏的體格，不難看出他們大多習於運動，嫻熟賽事。我也注意到很多參賽者是全家出動，言談中可知，有些家庭甚至長期旅行全美，投身於一場又一場的賽事中，這樣的家庭有著共同的使命，散發出健康的活力。一如這些家庭，這場三鐵之後，我們一家三口也步入一種全新的生活型態。

同年6月，海奕再度和我一起參加雙龍蝦比賽，並以比之前更快的速度拿下一英里男子組第3名。獲得冠軍的是一位亞裔、跑過全球五大馬拉松的年輕跑者，賽後他不吝恭喜並鼓勵兒子。與大人並肩站在領獎臺上，兒子挺著胸，覥靦的臉上露出榮耀的光芒。

從比賽中學到運動員的精神之外，真實而殘酷的輸贏也提供了孩子極其珍貴的人生經驗：勝利時保持謙虛，失敗時虛心接受，這次不理想，下次更努力後再

來。最重要的是不斷地努力，比賽的目的不在於輸贏，而是在於超越自己。

記得赴一場半馬賽的途中，狂風驟雨，天候極端惡劣，「這次的速度恐怕會比上次還慢……，」我忐忑地說。

「媽媽，別擔心，妳變慢，別的跑者也一樣會變慢。」後座的海奕安慰我。

「我想媽媽的重點是，她是跟自己比賽，要超越自己。」我先生如是說。

車裡，我們隨之討論著對輸贏的看法，比賽的真諦是要「贏過別人」？還是，透過外在的競爭與刺激以「贏過自己」？

幫孩子把重心放在比賽不只是為了成績，而是利用比賽來加強自我督促與訓練，增強長期運動與健康習慣的動機。進一步地，讓孩子了解肌肉是可以訓練的，只要肯練習，他可以更快、更強壯一點。不僅四肢肌肉可以，大腦肌肉也可以，舉凡學習新的學科、語言或任何新知與新技，都有助於訓練大腦肌肉。

慢慢地，孩子體驗到，贏賽確實很滿足，但輸了之後該如何自我檢視，自我鼓勵，再接再厲。最重要的是，他知道自己最喜歡的終究是：單純地上路，把煩惱都拋開，無拘無束地向前奔跑。

　　雖然我先生自己小時候曾是少棒最佳投手和短跑健將，各項運動都很在行，但他從不期望兒子必須跟他一樣。在教養海奕的過程中，他始終相信每個人有他獨特的專長與興趣，學習的方式與速度也不同，父母在創造機會、引導孩子的同時，必須給予極大的耐心與尊重。

　　海奕出生之後，先生很自然地以他為重，把工作之外的時間與精力皆用在陪伴兒子。一起跑步、游泳、滑雪、旅行等等之外，在孩子還很小時，他花很多時間陪他一起拼裝樂高，從星際大戰的各式飛行器到倫敦鐵塔，拼了數萬片，數千小時，他們攜手合作，解決問題，完成任務。當孩子大一點時，先生會在週末的早餐後，陪兒子一起解天文、地理、時事無所不括的《紐約時報》字謎。不管工作如何忙碌，先生一直有個堅定的心願：在兒子獨立單飛之前，充分營造且珍惜所有的相處時間；而滑雪便是讓技術相當的先生與兒子親密相處的最佳機會。

　　美東北方的嚴冬裡，這對父子倆上下雪山的最高峰，在浩瀚無際的山嶺之間，他們互相照顧，並行或一前一後，互相等待，親睹對方一次次摔倒後爬起，「我先上前確定爸爸沒事，然後取笑他。」兒子後來描述。那段兩人獨處的時光中，他們是彼此最好的朋友和滑雪良伴。

　　有時，來到樹林叉路時，兒子滑向不同的方向，一轉身發現和爸爸失散了，他從容地滑到山下基地，撥手機或發簡訊跟爸爸報平安後，自己再去探險三、四座雙黑鑽（double black diamond）。從他架設在安全帽上的小攝影機裡，我們可以看見在三、四千公尺、顛簸的山嶺上，他跌倒滑落後起身，獨自面對整座山，奔馳遨遊。在一天的最後，父子兩會交換在山上發生或見到的點點滴滴：陡坡的挑戰，御風而飛的暢意，同纜車裡，從歐州飛來渡假的中學生、滿身大麻味的年輕人、就讀專業滑雪學校的奧運儲備運動員……，形形色色的滑雪客。

　　每到滑雪的週末，兒子一定主動積極地把繁重的進階幾何作業提前做完，僅僅因為：「爸爸和我要去滑雪！」每當提起滑雪：「這是我和爸爸的優質時光（quality time）。」口氣之認真，把對與父親相處與滑雪的喜愛，表露無遺。

　　進入青春期後，孩子的身體賀爾蒙與心智急速地變化，對於自己、人生與世界的思索與疑惑隨之增加且更形複雜：他是誰？他的立身之處在哪裡？生命的意義？尤其當世界變化迅速、資訊爆炸，一切顯得那麼混亂無序時，在忙碌的課

業與活動之外，孩子還必須應對身心的成長與人際互動等等壓力。從這段時期開始，孩子跟父母相處的時間遞減，然而此時，孩子又比任何時候更需要大人的引導與支持。

這時，先生思索著在冬季之外，父子還可以一起從事什麼樣的夏季活動，營造更多相處的機會。偶然間，他得到一位好友的啟發，這位40歲出頭、三個小孩的爸爸，週末定期陪老父打高爾夫球，一、二十年不變。在那幾個小時裡，父子倆從事業、家庭到人生，無話不談。那份父子關係令人神往，先生決定把高爾夫球引進我們的生活裡。

先生選了鎮上的公立球場以避高爾夫昂貴的會員費，初學的兩人互相戲謔也互相讚賞。兒子第一次嘗試駕駛球車、嚐到餐車送到球場的點心、驚見種種野生動物。高爾夫球場上，父子倆長時相處，更了解彼此。

　　寓教於樂，最好的教養是欣然地陪伴，最好的親子關係是樂於把時間留給彼此，創造共同的美好記憶。

＊ ＊ ＊

　　沒有什麼比跟孩子一起參賽和練跑更酷的事了。

　　「Man，兩英里前那個陡坡真是殺手，終點前那下坡真是甜美，」賽後分享時，兒子完全知道媽媽在說什麼，因為剛剛才一起經歷過同樣的挑戰，不論是上坡的喘息、下坡的飛馳、衝刺時胸肺彷彿撕裂般的痛苦、跨過終點線的狂喜……，我們一起面對競爭，一起挑戰自己。我們熟知，當前有猛敵後有追兵時，得如何加快腳步、擺動雙臂；在抵達痛苦的終點之前，要如何自我激勵，再push一點，再push一點。當我跑到終點時，一如往常，他與我擊掌擁抱，我們是母子，也是戰友。

　　不論是發掘一片新的公園或樹林，嘗試新的步道，或一起回到當年起步的湖邊，像兩個堅持的傻子一樣繞著湖一圈圈地跑，海奕是我的最佳跑友。多跑了幾

英里後，他和我會合，就近找個加油站或便利商店稍微梳洗後，我們喜歡找一間簡單舒適的餐廳，坐下來享用一頓營養的早午餐。或是在回程的車裡，拿出事先準備的香蕉或富含蛋白質的點心，一起補充能量。有時談心或說笑，有時我們安靜地聽一首兩人都愛的歌。一天才正式開始，身心放鬆的兩人卻覺得已經得到了些很特別的體悟。

＊ ＊ ＊

「我去跑步了！」夏天的天氣正好，換上運動服，海奕邁開步伐上路。

有時，久坐打電動之後，兒子也會說一聲「我去跑步囉」。當面臨課業、社交或情緒壓力時，跑步更是他紓壓的方式之一。

成長的壓力之下，運動無疑是青少年紓解身心的最佳管道。

國二那年夏天，海奕初次擔任夏令營的受訓輔導員（LIT），每天必須領著一群小蘿蔔從事划船、射擊、足球等戶外活動；除此之外，他還得照看他們午餐、休息、上下校車、是否安全地被親人接送等等。本身還是個小孩卻很有責任感的他，每天回到家顯得身心疲憊，此刻天色已晚不適合路跑，「媽媽，可以麻煩你送我去游泳嗎？」他問我。

體育中心裡，我看著兒子一趟又一趟地游著，飛快如魚，心中突然很感動，人生充滿各種挑戰，孩子能為自己找到紓解身心的方式，懂得照顧自己無疑是自主自重的第一步。當他知道在遇到困難、壓力大時，可以隨時換上跑鞋，出去跑一圈；或是可以跳進水裡，暢游一番，這份自我照顧的能力何其寶貴啊！

春秋兩季踢足球，冬天滑雪，四季裡游泳與跑步，在我們不斷地引介、熱切陪同與鼓勵下，海奕逐漸體會到運動與健康飲食所帶來的好處，生活更有重心之外，更勻稱結實的身材、英挺強壯的外表也讓男孩更增自信。

2018年秋天，海奕如願申請進入全美國頂尖的私立高中「安多佛菲利普斯學院」（Phillips Academy Andover），成為唯一兩名被招攬進越野賽跑二隊（JV）的新生之一。俊逸的他認真而快樂地跑著，交到一群好朋友，從20秒、10秒，不斷地刷新個人紀錄。第二年，當他如願成為越野校隊A隊八名隊員之一時，他緊抱著我：「媽媽，謝謝妳！」

▌攝影：尚業敏

「媽媽，我們來核心訓練吧！」草坪上、家裡或運動場上，海奕邀我。

平板支撐、側棒支撐、過頂交替收腿……，跟著剛當上田徑隊隊長的兒子，一個動作接一個動作地做著肌力訓練時，突然覺得，能夠這樣陪伴一個男孩度過青春期是多麼地幸運啊！

跑步不但讓我在兒子的青春期這段重要期間，得到更多與他相處的機會，也讓原本親密的母子關係更因此而深植。隨著跑步的經驗與知識日漸增加，我們亦友亦師，互相分享各種資訊與心得之外，海奕不管炎夏寒冬依然出門長跑的精神更不時激勵著我。

不管他飛多遠，我知道我會永遠珍惜跟兒子一起奔跑的時光，一起交換學到的跑步技巧與預防運動傷害的知識。我會永遠想念，一起比賽時，早早跑完的他總是在終點迎接我，送上一個大大的擁抱，互相道賀。每一場練習時，先跑完的他會折回，跑到我身邊，陪我一起衝刺，抵達終點時母子擊掌：「A good run！」

啟發孩子一起運動的技巧

- 以身作則，你常運動，愛運動，孩子自然會受影響。

- 參賽時，請孩子陪你一起到賽場，幫你加油或看管衣物用品，他自然會感受到比賽的氣氛和競賽者的奮戰精神。提供環境與自然地啟發，遠勝過強迫孩子。

- 如果孩子喜歡運動，但你沒那麼熱愛，也不必自責，你依然可以跟他一起看運動比賽轉播，聊運動新聞，送他運動用品，瞭解基本要領，最重要的是，不管練習或比賽，到場為孩子加油，做他最強的後盾。

- 讚許他踏出的每一步，就算跑得不快，甚至沒有跑完全程，用走的回來，也予以肯定，至少他離開沙發與電動，出門運動了。

- 耐心陪伴與尊重孩子有自己的訓練進度。許多日子裡，我陪著海奕，遠遠地看著他跑完上下坡的訓練。這讓我想起一兩年前他有多排斥陡坡，不管我們如何說明坡度對腿肌與心肺訓練的好處，他還是偏好走上坡後再起跑；然而後來，當他身心更強壯時，自然地把長坡拿來當作訓練項目。

- 不要一開始就把孩子推進激烈或大型的競爭裡，先從參加小型的賽事著手。輕鬆或是非正式的賽程有助於孩子適應比賽，得到更多樂趣與建立信心。

- 不要拿他跟別人做比較，千萬不要。

- 確定孩子具有良好的基本常識之後，讓他自己去體會跑步的苦樂，並建立屬於自己的運動經驗。只要天候不是太惡劣，就算颳一點風、下一點雨，他想跑就讓他去，提醒他該注意的地方，不要阻止或干擾他。有時他會比預期跑得更遠，只因為「I feel like it.」讓他學習做自己的主人、與自己的身心對話，是極珍貴的成長方式。你會發現，當他完成自我挑戰時，所展現出的那份自信的笑容，無價。

- 多讚美：「哇，你的腹肌好結實，手臂更強壯了！」確實而真誠的稱讚對青少年尤其受用。

- 不勉強，不苛求。跟你一樣，孩子也會有懶或累的時候。當他不想出門，或半途改用走的時候，允許他有調適的機會。當他慢慢地感受到跑步帶來的成就感與滿足，發現自己越來越強健之後，一定會更願意出門上路。興趣就像小種子，剛剛始培養可能很脆弱，但給他陽光和水（鼓勵）便會萌芽和茁壯。教育家約翰‧霍特（John Holt）曾說：「如果我們不斷強迫孩子去做他害怕的事，他將變得更膽小，不但不會把腦力和體力放在探索未知上，反而會用在避免我們給他的壓力上。」

- 灌輸比賽不只是為了贏，更重要的是自我挑戰的觀念。比賽是一次經驗，不代表一切。有些時候輸比贏更有意義，尤其是對年輕人，輸了讓他學習謙虛，懂得更努力。人生很長，輸贏都是成長的養分，只要他願意持續地學習與努力，一定會持續進步，與其做個逞強、輸不起的人，讓孩子趁此機會學習虛心，保持希望與樂觀前進，如此長期地練習與累積，他一定會更堅毅。

- 投資他，定期幫他換新跑鞋、運動衣物與用品。

- 分享傑出跑者成功和受挫的故事，幫他拓寬視野，知道他不是唯一遇到掙扎與挑戰的人。

- 分享營養飲食與健康的生活習慣，確定他懂得適時的休息才能跑得更長更久，教他懂得自我獎賞，比如收集參賽獎牌，或運動完來一份美食；人生本該有苦有樂，有滋有味。

● 教養上，尤其是對青少年，父母的角色是引導與支持，只要沒有危險，即使孩子可能會受挫或吃一點苦，不要過度介入甚至掌控，讓孩子去體會成敗、去擁抱自己的人生。唯有適時適度地放手，孩子才有學習獨立的機會，才能培養自主性與自信心。孩子的經驗必須百分之百屬於他自己，而不是充滿外界的雜音，不是為了符合外在的評價或滿足父母的期望而從事某項活動。如此，孩子才不至於因為沒有達到外在的期待而輕易放棄，才能發掘出熱情，進而把所學與所愛發展成終身的志趣。

05
CHAPTER

跑出最好的自己

那場比賽我一開始就很排斥。

一個5度C、冷徹透骨的10月陰雨天。前一夜睡不到四個小時的我，早餐時完全沒胃口。打從一起床，倦怠與挫敗感便不斷地襲擊。前往賽場沿途，我一股腦兒地抱怨：「好累啊！我還沒有訓練夠，天氣又這麼惡劣，成績一定會比上次差，我幹嘛要去跑，我這麼慢⋯⋯。」

照片提供：YuKanRuN

「停止！不要再打擊自己了！」C終於受不了，「妳難道不能對自己好一些，這些負面想法對妳有什麼好處？妳難道不知道，它們不但於事無補且殺傷力很強，妳難道不能換個想法，告訴自己一切並沒有那麼糟，妳可以的！？」

我沉默不語，有點羞愧，受挫感也更重了。

我的個性裡潛伏著自我苛求與自我打擊的惡習。

從小到大，因為功課一般、各項表現普通，雖隱約知道自己的特質，但我很少肯定自己。來美後，語言障礙與文化隔閡之下，一切從頭開始的孤寂與種

種受挫與打擊，外表狀似適應良好，但內在的我變得更容易自我懷疑。拿到學位時：「能畢業是因為學校對學生要求不高」每一場鋼琴表演之後：「我忘了幾個音，彈得不夠完美」我總自認「不夠好，不夠努力……」不但無法坦然接受自己，甚至不斷地以某種「還可以更好，應該更好」的標準自我否定與苛求。

除此，我還有著嚴重的「冒牌者症候群」──深信若有一點成就，若非歸功於運氣或時機，就是別人客氣地抬舉。我對外在的讚賞總感覺不自在，似乎害怕若接受了讚賞，對方恐會有期待，那麼我非得表現得更好；因此，最好是抹滅或漠視成績，那麼下次如果無法超越，或結果比較差，我才有安全墊可以跌落，因為「我早就知道我沒那麼厲害，表現不好是正常的……。」

事後自我否定，事前找種種理由或藉口打擊自己，長期下來不但耗傷心神精力，也讓身旁關愛的人很辛苦。

「Stop！為什麼妳不能想想？妳拿到學位了，妳表演完了，妳寫了一本又一本的書，這些妳都做到了。為什麼妳總要擊垮自己？我沒有看過比妳對自己更不好的人了。如果可以，我對妳唯一的期望是，妳能肯定自己，知道自己有多麼地努力……」身邊這位個性堅毅、樂觀正面的人，用盡一切方式來鼓勵與勸勉我，但我卻不斷挖洞掩埋與傷害自己。

是的，是我該停止、轉向、改變的時候了！

人生這麼短，已步入中年的我再也沒有繼續傷害或不愛惜自己的藉口。

況且，若想長久地跑下去，我不能總是陷溺於自我懷疑的泥沼裡，負面的心態不可能讓路程變短或跑起來更輕鬆，相反地，只會讓自己跑起來更痛苦，一點好處也沒有。

日常生活之外，我決定透過跑步來修練心志，積極改變待己與應世的態度，讓心理與身體一起更強健地朝人生的盡頭邁進。

透過閱讀，我學習到許多有關心與意志的鍛鍊。

奧地利精神心理學家維克多·弗蘭克的《活出生命的意義》（Man's Search for Meaning）一書，深入闡釋當身處慘絕的環境，無法改變外在時，人唯有改變自己面對環境的想法和態度，才能有意義地生存下去。

書裡描寫於二次大戰時，猶太人身陷慘絕人寰的納粹集中營，勞役終日且飽

受虐待，目睹一旁煙囪日夜不熄，燒毀著羸弱無生產價值的同胞與親友屍體，人格嚴重被扭曲，互相猜忌報復，即使僥倖走出去的人，也已完全不是當初進去的樣子。當恐懼無望，希望全無，不知明天在哪裡，此生也不確定有沒有機會自由呼吸或見到心愛的人一面，此時，生命的價值與生存的意義何在？

維克多・弗蘭克相信，邪惡可以奪去你的財產、家人、愛情、健康和一切，卻無法奪去童年時父母輕撫你的手溫、昔日情人的笑容，以及曾經愛過與被愛過的甜蜜，也無法奪去你對眼前美麗夕陽的嘆息，對明天的希望；儘管那希望羸弱如絲，只要還有一口氣，那一刻，你就可以作為思考與感情的主人，你就超越了外界一切邪風惡雨，就有了獨一無二、屬於自己的自由。「唯一不能從一個人那兒奪走的最後一絲自由，是選擇在任何環境中面對的態度。」

「無法改變環境，卻可以改變看待它的心態。」看似老生長談卻又如此重要。態度決定一切，心決定態度，心是人的主人，掌控我們的感受、言語與行為。心越強，整個人能發揮的整體力量也越強。這一生，我們必須以照顧與修練我們的心為最重責。

心志決定一切之外，本書還有其他許多值得思索的地方，比如，不要刻意把成功當作目標，你越把它當目標苦苦追求，越可能失去它。成功，跟快樂一樣，是無法追求的，只能附帶，只會像是沒有刻意追求的結果，當一個人全心全意地獻身追求一個自身以外的崇高目的時，幸福感將自然地隨之而來。

哲思與體悟之外，傑出運動員超乎常人的精神與毅力，也不時激勵著我。

2006年冬天的某一天，猶他州的摩押市外，時年42歲的丹妮爾・貝蘭吉（Danelle Ballengee）如常帶著同樣喜愛跑步的愛犬泰茲（Taz），出門去跑越野8英里。丹妮爾的成績卓越：兩屆極限探險越野賽世界冠軍，七次鐵人三項完賽，參加過數百次各種耐力運動賽，包括全國和全世界高海拔的天行跑（Skyrunning）、探險越野賽（Adventure Racing）、高山路跑賽等，而且是以14天、49小時攀登科羅拉多州州內全部54座山的女性紀錄保持人。

這一天，嚴冬路上，黑冰滑溜，往山上跑的途中，一失足，丹妮爾跌落山崖，困在地底60英尺下，更糟地，骨盤摔裂了。她花了五個小時才爬出約四分之一英里，這時天色已黑，氣溫降到華氏20幾度（攝氏零下6度以下），丹妮

爾面臨體溫直降的危險與威脅，她緩慢節省地喝水和吃能量條，知道自己若閉上眼，恐怕再也醒不來。靠著細微的腹部收縮運動保持清醒，以防止體溫迅速滑落，在這兩天三夜裡，丹尼爾不斷地告訴自己：「我不能死，我還沒準備好死。」五十多個小時之後，救護人員跟隨著跑出去求救的泰茲，終於把丹尼爾拯救出來。150天後（其中有90天是坐在輪椅上）她完成一場60英里包括山嶺騎車、跑步、划獨木舟和攀繩的戶外冒險賽。

每年的馬拉松比賽，來自全世界的菁英之中，最引我注目的當屬塔緹娜‧麥克法登（Tatyana McFadden）。這位17次殘疾奧會、20項世界錦標賽和24次世界主要馬拉松賽得主，是首位贏得四項主要馬拉松（包括連續三年的大滿貫）的選手，成績輝煌。

出生時因為神經管缺陷導致脊椎裂，脊椎以下全癱瘓的塔緹娜‧麥克法登，小時被生母送進蘇聯聖彼得堡的孤兒院，六年後因為一對美國養父母的領養，生命完全改觀。不同於跑者靠腿的大肌肉，輪椅運動員全憑手的力量，需要更嚴格的訓練。單憑雙手，塔緹娜學會游泳、曲棍球等其他運動。運動員的身分之外，塔緹娜‧麥克法登自許為一名終身女童軍，致力為殘障人士爭取公平競爭的機會。她從不認為自己是一名殘障者，「我總是把disabled的dis拿掉，只看abled。我總是相信自己可以做任何事，或許做的方式看起來有點不一樣，但其實都是同樣的事。」

除此，因火災而導致下半身殘廢，從頭學習走路、跑步，最後成為一英里紀錄保持人與奧運得主的葛林‧康漢寧（Glenn Cunningham），被鯊魚咬斷一條手仍奮奪奧運金牌的滑水選手貝瑟尼‧漢密爾頓（Bethany Hamilton），被擊倒後一次又一次站起來的拳王阿里，歷經各種挫折卻帶領芝加哥公牛隊在八年內拿下六次NBA總冠軍的麥可‧喬丹⋯⋯，皆展現出超凡的毅力。紀錄片「最後一舞（The Last Dance）裡，受傷後，喬丹把受傷的腿練得比沒受傷的那條更強壯。從棒壇回到籃壇後，喬丹重練打籃球所需的體格與體能。喪父、失去生命中最大的支柱後，他含淚上陣。隔絕外界雜音、專注此刻，不去擔心還沒出手的那一投，對每一球和每一場比賽抱著贏的希望。喬丹證明了，擁有最強的球技之外，只要有必贏的決心，就沒有什麼可以阻擋得了他。

磨練心力的長跑訓練

外在的啟發之外，我還必須起而行。決心以跑步來修養中年後的自我認知與生命態度後，長跑成為我鍛鍊體能與意志、與自己深層對話的最佳時機。

我通常是週末進行長跑，為了確保跑完仍有和家人相處的時間，我起得很早。家人熟睡中，我輕聲地在廚房裡給自己做一份煎蛋酪梨三明治，喝水、換衣服、帶上水壺與能量包後，我悄悄地踏出家門。涼風迎面，陽光從樹梢瀉下，一天的開始充滿希望。如果不是為了練跑，我不可能起得這麼早，也不可能發現一天之初最美的模樣：日出從遠方的地平線冒出，透出萬丈光芒。樹葉上的露珠，透亮晶瑩。爆熱難耐之前，夏日散發著獨特的細膩與溫柔。

看似規律而平常的出門習慣，其實是經過多年的練習才建立。

萬事起頭難，跑步也是，剛開始跑時，身心皆難。也許不過就是左腳或右腳，哪一腳先跨出去、再簡單不過的動作，卻牽涉到複雜的情緒與決心。沒錯，需要運動的理由很多，但不想運動的藉口更多。尤其當懶蟲上身、動機薄弱時，第一步根本是難如登天。光是要把自己從舒適的沙發挖起，或者在作息中抽出空擋，都需要一定的毅力。

心魔是養成任何好習慣的大敵，對於跑者來說，太忙、太懶、太累、外頭太冷太熱、膝蓋痛、肌肉酸、上次跑完還沒休息夠、沒心情等等；隨手一抓都是足以讓人打消跑步念頭的藉口或理由。每逢新英格蘭長達約六個月的嚴冬，我還必須與戶外動輒零度C以下的酷寒做天人交戰，「明天再跑」這念頭冒出的頻率有如春天的雜草旺盛。

不管多不情願，至少踏出門了，但此時身體才剛從靜態脫出，上路後感覺緊繃與疲累是正常的，因為不舒服，所以很容易氣餒或懷疑自己：「雙腿這麼重，呼吸這麼困難，我的體能一定還是不夠好，怎麼可能跑得完呢？」

過了約十分鐘之後，我開始察覺到肌肉的放鬆，呼吸逐漸順暢，身體出現一種韻律，與四周產生某種程度的協調感。一旦身體不再那麼僵滯時，腦中也開始浮出各種念頭：某人昨天說的某句話、某個神情、某份人際關係、某段畫面、某個笑話、某個點子（這本書很多內容就是在跑步時想到的）等等，腦袋像一個紛

亂的跑馬燈，閃過千百個意念與雜念，心中各種酸甜苦辣的情緒穿梭。出奇不意的，注意力又轉回到自己的身體上：姿勢是否正確？重心有沒有太前傾或後仰？步伐是否太大或太小？對經過的路人而言，我看起來是一個單調地重複著一腳前一腳後的跑者，孰不知，我的身心忙碌無比，每個細胞都覺醒著，敏銳地感受著每一個思緒、每一口或輕或重的呼吸、溫熱的肌膚、冒淌的汗水、陽光的灑照與空氣的流動。

西藏喇嘛薩姜・米龐仁波切的《跑步之心：同時鍛鍊身與心的禪跑》（Running with Mind of Meditation: Lessons for Training Body and Mind）對跑步與禪修的比照有深入的探析。這位九次馬拉松參賽者、個人紀錄3小時5分鐘的喇嘛，把長跑的身心狀態分成四個階段：

第一階段如老虎：跑者以練習正確的跑姿和技巧為重心，專注在核心和步伐上，學習正面思考。這時我們必須對自己溫柔用心，與己為友，保持幽默感，別太苛求自己。

第二階段是如獅子：我們開始感到快樂，但不是因為成績，而是因為自制與勤奮訓練。快樂不是跑步的目的，而是隨著體能與精神鍛鍊而呈現的狀態。

第三階段是如大鵬金翅鳥（garuda，西藏神話中一種人身鳥翅的巨鳥）：不是為了好身材或參賽，我們開始單純地為愛跑而跑。這個階段的跑者是平衡而自由的，超越了希望發生些什麼或害怕不會發生什麼的境界，狀態接近一般所謂的「跑者的愉悅感（Runner's High）」但後者比較是體能上，是因為運動刺激腦下垂體分泌安多芬所產生的快感。在米龐仁波切眼中，真正跑者的愉悅同時兼具了「老虎的滿足、獅子的喜悅和大鵬金翅鳥的自由與平衡」。

最後，跑者進入「龍」的階段。米龐仁波切認為：「對於跑者和禪坐者，龍代表著一個神祕的階段，在這個階段裡，我們發展出一種能夠與內在願望和渴望聯繫在一起的洞察力，當老虎、獅子、金翅鳥和龍聚集一身時，其結果是身心和諧，意即藏語的「風馬」狀態，「風」代表人腦的完全覺醒，而「馬」代表合宜、成功和敏捷。和諧帶給我們積極與信心，使得我們能夠對周遭所有人乃至整個世界發揮積極的影響力。

米龐仁波切闡釋：當身心和諧，專注當下時，人會比較放鬆、感覺也比較敏

捷與敏感，這時你會注意到心的活動與身旁的一切，但不受其干擾。那份心的自由，在環境中放鬆但並不與環境分離，是一種那裡也不想去，因為我們自然地在這裡，不受負面的思緒或不切實際的夢想干擾，心與境完全協調，完全知道身處何處，自己在做些什麼。

米龐仁波切的身心合一如飛龍在天的境界令人神往，依然是個跑步學子的我持續修練著如何察覺身體的感受、接受體能的挑戰，如何真真確確地活在當下。

隨著里程數，我逐漸懂得專注與正向的力量：「態度決定一切」，我知道如果一開始就意態闌珊，接下來漫長的旅程將更辛苦；因此，不管跑前的狀態，工作與生活累積了多少壓力，我選擇相信此刻自己的身體健康而強壯，有長跑的能力。

即使至今，很多時候起步之後的不舒適感依舊，但我知道不能放棄，這是隨著心跳與血液流動加快，心肺從舒適變成得開始努力作用的自然反應。我轉而去注意身與心的密切關係，察覺到肌肉的鬆緊、心臟如何跳動著、肺如何需要氧氣。當腳步加快時，氣喘費力，放慢腳步時，心肺稍舒。因為每一天的睡眠、飲食、天候、心情、身體狀況不同，每次起跑的感受也都不一樣，從來無法完全預期。跑步是一項極其隱私的身心活動，不管做了多少暖身與心理準備，對於我，由靜到動永遠是個神祕的轉變。

每一次出門路跑都是全新的體驗與發現，自身之外，即使是再熟悉不過的小鎮：住屋前新剪的草坪，沉睡的鞦韆，剛砌的石牆，五月的繽紛花樹，十月的楓紅落葉，冬天的靄靄積雪細……，環境也隨著季節與生活而不斷地改變著。細切地感受著一切，跑著跑著，我感到四季的遞轉，生生不息，也感到身心的軟弱與強

度,雙腳如何推擊著地面,地面如何抗拒後轉而接納我,我專注在每一個腳步與每一口氣上,如禪坐般地感受此刻的一切。當自我懷疑與各種負面思慮出現時,我對自己喊道:「可以的!你可以的!你是一個強壯的人!」把種種遺憾與傷害拋在身後,讓清新的呼吸釐淨肺腑,讓負面雜質隨著汗水淌流,當身體奮力到極致時,心也被洗滌了。眾生眾相雖終是虛無,然而當下,一切既真實又珍貴。

跑出最好的自己

　　10月是新英格蘭最美的季節,落葉繽紛,棕、橡、楓葉變色,大地如一幅水彩畫,潑灑在藍天白雲裙底。

　　陰冷的早晨,我六點不到就起床了,換上睡前準備好的運動內衣、上衣、短褲、束膝半長襪和跑襪,在胸前運動內衣下沿塗上凡士林後,來到廚房,如常地給自己做了一份多穀貝果夾酪梨與荷包蛋,喝了一小杯咖啡幫助提神,繼續進行跑前兩小時的喝水準備。

　　不久,C下樓來,把充電一夜的電池插入相機,確定裡面是否有記憶卡。檢查過我的手機充足了電,耳機功能也沒問題後,他走到樓梯口,朝著樓上呼喚兒子:「該出門囉。」

　　一切是那麼地熟悉,幾年下來,不只是我,我的家人也建立了一套支持我的程序。

　　車倒出車庫時,我注意到氣溫稍微回升了一點點:5度C。

　　清晨的高速公路上車行稀疏,黎明涼且靜,世界正逐漸甦醒。我們一路暢行,朝著我的第八場半馬賽而去。

　　這次路跑是在北方海港的紐伯里波特(Newburyport)舉行,是我最喜愛的賽程之一,路線中有一大段穿越湖畔林野的州立公園,季節更遞中的秋天,落葉繽紛,金黃的葉子流瀉而下,沿途美不勝收。三千多名參賽者的規模剛剛好,有來自各地的優秀參賽者(那場的結果,冠軍的速度是1小時7分)。10月雖較冷,但比起夏天的燠熱,跑起來舒適多了,這也是漫長冬季來臨之前,我的「閉關之賽」。

C和海奕去停車時，我走向集合區，遠遠可見海鎮的草坪上架設了一排排雪白帳篷，振奮人心的熱門音樂透過擴音器傳送而出，光頭的年輕主持人拿著麥克風大喊：「歡迎來到Newburyport半馬賽，你準備好破個人紀錄了嗎？準備好創下人生最棒的一天了嗎？」。天空雖依然灰陰，但現場氣氛熱絡。我從帳篷下的工作人員手裡，領取了號碼牌和報名時指定好尺寸的長袖上衣，順道領了一個附送的輕便背袋，裡面裝有各種能量包的樣品，以及合作廠商的折價卷和宣傳品。

把號碼別在胸下的同時，我往一旁的長隊伍末端走去，排隊等著上流動廁所。

數十座鐵灰色的廁所排列眼前，推門而出的人幾乎都是同樣的動作──雙手猛搓著乾洗手液。隊伍裡，前後四周都是年輕人，有的蹦跳拉筋暖身，大多跟前後友人閒聊著參賽經驗，放鬆的氣氛裡透著一絲緊張刺激。

起跑時刻將至，我脫下外套，連同背袋一起交給身旁的海奕，隨著其他跑者慢慢移動到起跑線後面。放眼望去，擁擠的參賽者之外，馬路兩旁也站滿了加油的人群。

多場比賽下來，我向來沒有特別注意起跑時該站在哪兒，通常只是傻傻地站在跑群中，待槍聲一響就埋頭跑，頂多有時找個靠邊的位置，好讓擠身觀眾群裡的C和海奕能輕易找到我。此時，我發現前方不遠處有一位配速員，高舉著目標「兩個小時」的牌子。我慢慢移動，向那年輕女孩走近。然後，我墊起腳尖，對著遠遠的跑群外、站在石牆上搜尋我的父子倆招手，指著那牌子示意：「我要跟著它。」兩個男生點點頭，並豎起大拇指讚許。

槍聲響，最前端的菁英組跨步而出，我和周圍的跑者緩步向前移動，很快地，跨過起點，上了路。

一切感覺很熟悉，我知道兩英里處將會有一個補水站，也知道雖然暖過身，但剛開始腿肌會有一點緊繃，心肺感覺較重；但過了約一英里後，身心會慢慢調適，進入比較舒坦的狀態。

管制中的街道上全是跑者，周圍密集的腳步讓人難以跨開步伐。我循著隔開馬路雙向的中間白線而跑，來到半英里處，右鞋帶鬆了，為了避免影響他人，我移到路旁，找了個空隙停步，繫緊鞋帶後，重新加入人群。

　　上坡、下坡、蜿蜒、筆直，隨著路線逐漸向郊外延伸，跑群也慢慢地鬆散
開了。

　　繁密的林蔭道上，耳機裡播放著幾十首已經聽過千百遍的歌單，熟悉得這首
播完，腦裡已經響起下一首的前奏。它們是我這幾年的忠實跑伴，不管室內或戶
外、麻州、佛蒙特、佛羅里達、臺北或金門、颱風或出太陽，我和這些音樂跑過
寂靜的馬路、熱鬧的運動場、徐風的湖畔、陰涼的林間與炙熱的海岸。

　　One Republic樂團唱著Counting Starts時，我還看得到配速員的牌子，兩
人中間隔了十幾位跑者。瞥一眼手腕上的手錶：8分45秒／英里（5分26秒／公
里）均速，我馬上發現這樣的速度不切實際，旋即稍微放慢腳步，提醒自己不要
再重蹈覆轍——一開始衝太快，後來精疲力盡，後繼無力，那樣對成績不但有害
無益，還可能讓整場賽程變得更痛苦。

我很清楚若要破二，平均速度必須維持在9分20秒／英里（5分47秒／公里）之內；因此，我把速度放慢到每英里9分鐘左右，若能在54分鐘內完成前面6英里，接著以56分鐘完成後面的6英里，最後一英里以9分30秒至10分鐘跑完，就可望破二。

可惜，隨著爬坡不斷，才過了4英里，陪跑員的牌子已越離越遠。過了5英里後，我心知要破二不太可能了。拿出第一包能量劑，配著從6英里供水站領過的水喝下。前方不遠處，幾部為了接力賽而準備的黃色接駁校車停在馬路旁，等著跑下半場的賽者們站在車旁就緒，一看到跑完上半場的隊友，便上前交接。完成上半場任務的人一派神情輕鬆，為後續賽者鼓掌加油後，便陸續上車休息。「如果可以跟他們一樣上巴士就好了」心裡閃過這個念頭，但我馬上禁止自己有這種退卻的想法，尤其接下來的第8、9英里向來是身心最大的挑戰，稍一不小心，氣餒的心與逐漸疲累的雙腿，將使最後數英里變成一段漫長艱辛、幾乎不可能的任務。

過了8英里，一個身穿七分緊身褲、壯碩的年輕女孩跑到我前面，極近的距離令人難以跨步前行，加上其他跑者不斷地從旁超越，我不得不跑在柏油外的落葉上。提醒自己放慢腳步以避免滑倒的同時，我奮力超越女孩，好給自己較寬闊的空間。不久，一對情侶停了下來，相擁而吻。我注意到，每跨過一個英里，他們就停下擁抱接吻，有如進行某種儀式般地相互鼓勵。

慢慢地，跑者之間的距離拉得更開了，有時沿路只有風吹落葉和自己的喘息聲。

咬牙爬坡，張臂迎風而下，我專注於腳下的每一步，想著種種喜歡跑步的原因；中年了還能跑，真幸運；能置身於這美如畫的樹林，迎著風，身心舒暢；活著真好。

思緒斷斷續續，腳步逐漸沉重，多年以來陰魂不散的ITB舊傷此時開始發作，右膝隱隱刺痛。一如往常，我試著不去擔心或多想，並搬出幾個策略：只關注下一英里、下一步；想著這段上坡跑完，過了跨越高速公路的陸橋後，最後幾英里將都是平坦地面。當這些點子都不夠鼓勵自己時，我端出最後的武器，想著前方海奕迎上的笑臉：「媽媽，妳做到了！我好以妳為傲！」想著C靠過來拍我

的肩，擁抱我。

　　儘管還要千千萬萬個步伐才能停下休息，我大大地呼一口氣，告訴自己：「不難不難，一口氣一口氣，一步接著一步，妳一定可以跑完的。」

　　1367號再度與我插肩而過，這個中年男子是另一位幾乎全程跑在我附近的跑者，有時他在前，有時在後。幾次下來，我們已熟悉了彼此奮戰的身影。

　　來到平地，終於跨進最後一英里，時間眼見就要逼進2小時，破二肯定又無望了，但是破2小時10分呢？

　　兩個小時裡腦中轉過千萬思緒，經過數不盡的自說自話和自我鼓勵，人會變得非常有彈性且容易轉念：如果堅持不放棄，維持在10分鐘內跑完最後一英里，破2小時10分還是有希望的。我把步伐縮得更小以節省最後一絲絲體力，竟然可以感受到一絲細微的輕快，難以置信之下，我如划槳般地更密集地擺動雙臂以協助疲憊的雙腿。我超越了1367號，追著壯女孩，終於踏上進入小鎮前的小路，當前方的警察攔下了車流那一刻，我以更快（一點點的）速度穿越馬路，超過女孩和一位高瘦的年輕男子，穿過通向港灣的甲板，直衝向終點，從一位義工小女孩手上接下我的第八面半馬賽獎牌。

　　人群裡，C與海奕很快便找到了我，一如往常地送上大大的擁抱。冰冷的天，跑完的身體更冷，穿上孩子遞上的外套，溼透的汗水很快就乾了，走到補給站，我拿了一瓶水、一條香蕉和幾根熱量條。

　　「我記得妳，我們擦身而過幾次，最後還是被妳超過，you did great！」轉身時，原來是1367號站在我身後。「你也很棒，恭喜！」我對他說，豎起大拇指。

　　起跑時一群來自四方的陌生人，完賽後很容易產生一種相濡以汗水的親切感，這樣的感覺很奇妙。

　　正式成績出來了，我以2小時8分破了個人紀錄，比數年前第一場半馬賽整整快了9分鐘，證明了年紀越大，還是有可能跑得更快；更重要的是，這次是我全程狀況最好的一次，比起之前的崩潰，這次一切都在掌握中，跑完也不再累到慘兮兮，甚至第一次，跑到終點後還有走路談笑的餘力。無疑地，這幾年下來，半百的我，體能與意志都更加強壯了。

　　這一場比賽之後，我繼續跑著，繼續比賽。經過九年多、8,000公里跑程與

近三十場的比賽之後，筋肉雖然仍會感到疲累酸痛，意志依然會受煎熬，但我不再自我詆毀，不再自我打擊，藉由跑步，我誠實地去面對個性上的弱點，過去的陰影與傷痛，學著去接受與疼惜自己一路走來的痕跡，把失敗與挫折轉化成下一步的養分。路跑為每一個平凡的日子附上不平凡的意義，沒有人強迫我，我跑僅僅是因為我想跑、愛跑。我把每一次的訓練經驗，收藏在內心的一個小寶盒裡，如一顆顆小珍珠般記憶著曾經的每一份痛楚與歡愉。每當我打開這個寶盒，細數每一個腳步與每一滴汗水時，我知道自己不僅是個跑步的人，也是一個極其幸運而富有的人，因為我能如此自由而健康地活著。

訓練跑步意志的小撇步

- 跑前一晚把需要的用品準備好，放在固定的地方，出門前不去想太多，不給自己太多懷疑猶豫的機會。

- 準備一本筆記本，寫下每天計畫跑的里數或均速，跑完打個勾，把每一次的練跑視為當天最重要的成果之一，按表抄課，久而久之，一定會被自己的持續力驚喜到。

- 使用小技巧激勵出門的決心：空出一個固定的時段，早早換上跑服，播放跑步歌單，想想跑完後在行事曆上打下那個勾勾時的滿足……，以各種方式幫助自己營造跑前的氣氛、培養跑步的心情。

- 跑步有苦也有樂，牢牢地記住那些愉快的時刻：當微風吹在臉上，陽光照在身上，下坡的快感，跨過終點的成就感……，把它們牢牢地記住。

- 跑時提醒自己放鬆。探討人類如何超越體能極限的《忍受》（Endure: Mind, Body, and the Curiously Elastic Limits of Human Performance）一書中引據研究發現：放鬆肌肉會給大腦營造一種「身體不那麼痛苦，甚至愉快」的假象。動動肩膀與臉部，微笑（即使你很痛苦）

- 缺乏跑步動機是正常的，與其自責自悔或感到挫敗，不如試著從小目標著手。以練跑半馬為例：先跑個三英里看看，到時若感覺不錯，再加個三英里，當跑到十英里時，跟自己説：「都已經跑十英里了，再跑個兩、三英里就達成了，你可以的。」如此，雙腿不斷地被大腦誘引之下，最後一定會是令人驚喜的結果。

- 你無法掌控天氣、心情、體能或跑時的任何突發狀況，無法避免訓練或參賽時的痛苦，但是你可以主掌你如何看待每一次練習、對每一場比賽的態度。改變跟自己的對話，跑前與其：「天氣太冷（太熱），我還沒準備好，」改成：「冷一點比較涼，太熱要多補充水分。」跑時與其想著：「我跑得很慢，跑步很痛苦」不如改成：「不要多想，踏出每一步就是了。」跑完後與其自責：「為什麼不能跑得更快更遠？」不妨肯定自己：「又跑完了今天所訂的里數，

你很棒！」。跑步是一條漫長的路，你怎麼看待自己的表現、你手上的半杯水是半空還是半滿？全憑你的態度。

- 永遠會覺得訓練不足，尤其到了賽前開始減少里數時，這時必須放手，接受：現況就是你的最佳狀態。

- 遠離負面消極的人，接近積極正面的人，學習他們追求夢想的方法與熱情。

- 相信自己會越來越強壯，當你對自己有信心，身體也會被帶動起來，心不懈怠，身體就不會偷懶，總有一天，運動一定會成為不可或缺的習慣。那時，恭喜你，你不但把身體練得更強壯，也把意志練得更堅定了。

06 CHAPTER | 善待自己

以東方人的標準，我不算纖瘦苗條。跟大多數的女生一樣，成長過程中，我常覺得自己太壯，腿太短，腰太粗，很少穿短裙或緊身服裝。

隨著知識與自我意識的增長，成年後，對自己的特質多了些認識與信心，但因為不喜妝扮，免不了會遇到，「妳更瘦一點會更漂亮喔！」或「有了內在美，若外在也更加強不是更完美！？」之類的「好心」建議。彷彿光是做一個好國民，有一定的品行與知識還是不夠，身材與外表依然提醒著我的某種不足。

即使後來，遇到一個喜愛也接受我一切的伴侶，在他的眼裡我根本屬於「嬌小型」；但是在剛認識時，我依然試著問他：「我可以

胖到什麼程度？你都不會不愛我？」這個「雙重否定」的英文當時被我講得離離落落（閩南語：形容七零八落而沒有條理），也顯現出我對外表的沒信心；似乎總覺得如果可以更瘦一點，會不會更愛自己，會不會更快樂？

對大多數女性來說，身材與外表是一輩子的愛恨糾結，打從青春期開始，「保持好身材」就算不是第一，也是前幾名的人生任務。就算後來事業有成、家庭和樂，根據社會的標準「什麼都有了」，還是免不了在意體重計上的那個數字、腹部與大腿的那圈贅肉。即使勉強過了在意的階段和心境，仍難免要擔心家中的女兒或女性晚輩一旦過胖，將會影響她的感情或事業發展，曾被社會無情評比過的我們陰影難除。尤其在大眾媒體與社媒的渲染之下，種種「瘦下來感覺更棒」、「減重二十公斤後，她如願地找到白馬王子」口號滿天飛，瘦臉隆鼻、豐胸提臀、美白祛斑等五花八門的廣告，無所不在地導引與影響著女性對自我身體的印象。外表嚴重地影響著女性的自我認同，有些女人一輩子沉陷在減肥與復胖重複的漩渦中，有人花盡時間、金錢與心力，追求一個外表的極致目標。瘦身健美整形等行業的商機駭人，「更苗條，再瘦一點」永遠高居女人的新年度新希望榜首。

文學反映人生。美國作家喬伊斯・歐茲（Joyce Carol Oates）寫過不少充滿暴力、結局悲傷的小說，其中有的女性被虐待性侵，或是遭受父權控制，被攻擊或侵犯後依然要勉強裝出堅強的樣子。她的短篇小說結集《不忠：犯罪故事集》（Faithless：Tales of Transgression）裡有一篇〈醜〉（Ugly）描述因長相所導致的複雜心理，犀利得令人不寒而慄。小旅館餐廳裡的21歲女服務生不但得忍受男雇主與客人的肢體與語言騷擾，自認長得醜的她在惡意圍繞的環境下，由裡到外變得更扭曲，不安全感讓她不得不自我防衛：「醜有一個好處，妳不用像長相好的人那樣需要被他人認同。妳越好看，就越依賴別人。越醜，反而獨立。」以這位女孩的例子，獨立的代價是極端的孤寂。故事裡，對待那個對她有好感卻稍有殘疾的常客，她的內在反應是：「他很醜，怪異地醜，但醜對一個男人無所謂，對女人則是一輩子的事。」一語道破女性悲哀的宿命。

女性主義者作家羅珊・蓋伊（Roxane Gay）的自傳《飢餓》（Hunger），以自身的成長經驗，徹底檢視現代社會與媒體對女性外表的殘酷審判。因為少

女時被性侵而自暴自棄，放任體重達550磅的蓋伊，對身體這一座大囚牢感到羞恥與痛恨，「我們的社會與文化對美的定義、身材的標準已經達到走火入魔的程度。」羅珊寫道：「大部分的女孩從小被教導，要『苗條嬌小』，不要佔據太多空間，男人才會喜歡，社會才會接受。」瘦才是美，苗條才會幸福。

美國滑雪女將琳西·沃恩（Lindsey Vonn）長年嚴格地訓練體格，但她在自傳書《強壯是新的美麗》（Strong is the New Beautiful）裡坦承，雖然被公認健美，其實她對外表極缺乏信心，尤其每當出席公眾場合時，相較於紅毯上那些模特兒與女明星，她總覺得自己滿身結實肌肉、壯碩魁梧得「像個巨人」。在自卑、沒安全感的情況下，這位高山滑雪世界盃運動員曾多次節食、試圖減重，希望讓自己看起來小幾個尺寸，結果導致健康受損、比賽失常，最終才體認：「女人，不必苗條纖瘦，妳可以既強壯又美麗。」

長相與身材之外，老化無疑是女人另一個致命殺手。幽默作家諾拉·艾佛倫（Nora Ephron）以自嘲和嘲諷上了年紀的女人出名，在《我的脖子令我很不爽》（I feel bad about my neck）一書中，她把擔心變老的名流女人圈寫得活脫活現。一票女性好友聚會，大家只敢點沙拉，頸部則一定都圍上絲巾，以遮掩塌垮雞皮的老化模樣，「臉可以騙人，但頸子實話實說。」據她的觀察，上了年紀的女人每月必須「進廠維修」才能保持基本的「能見度」。維護外表與體態、與老化對抗，簡直成了現代女性中年之後的另一重職。

女性主義啟蒙者西蒙·波娃曾說：「女性這『第二性』，一旦對身體失去信心，就對自己全盤沒信心了。」無疑地，外表是女性一輩子的魔咒。

遺憾地，千百年的演化下來，不管女性主義者如何大聲疾呼平權、挑戰世俗「以外表美貌評斷女性，工作成就評斷男性」的刻板印象，不斷強調女性經歷月經、懷孕和生產的自然特質，需要被尊重與正視的價值；然而，女性對自己的身體依然普遍缺乏自主與自信，稍微回想，從小到大我幾乎很少聽到周遭的女性長輩或朋友自豪地說過：「我喜歡我的身材，我的身體。」

太胖、太矮、腿太粗、臉太大、眼睛太小、手臂太壯碩、蝴蝶袖、蝙蝠袖、中廣、游泳圈……放大鏡之下，我們所有這些「太小、太大」的比較，究竟是在跟誰比？似乎每個女人內在都有一個苛刻而懸疑的尺度──一個妳越苦苦追求則

越遙遠的標準。事實是，就算真有了A女星的豐滿雙唇、B女模的性感身材，我們是否從此滿足？美的標準自古以來不斷地改變，從楊貴妃的豐盈、西施的纖細、裙裝演變成褲裝、連身泳裝變比基尼，馬甲、胸罩到解放；而今，萬能的美肌修圖之下，每個人隨時可以展現白泡細綿的膚質，上演重返18歲的魔幻。時代在變，科技也在變，真真假假撲朔迷離，所謂肥瘦美醜的標準究竟何在？

更重要的是，即使整型技術再高超，美顏科技再精進，再怎麼整，怎麼照「騙」，最終我們能否通過自我接受的那一關？是否能珍惜已經擁有的？

美當然不是只靠外表來定義。愛自己就能接受自己的特質與優缺點，而真心愛妳的人，自然也會看到妳超越外表的美。想想，當我們在攜手四分之一世紀的伴侶面前更衣，甚至裸體，他並不會嫌棄；而在孩子眼中，母親代表著愛、溫暖與保護，不管胖瘦老醜，母親永遠如此美麗。

中年之後，當我一次次接近病、老與死亡時，更加體悟到人們對表象的追求是何等盲目。一次又一次，站在葬儀社那間漂白水濃郁刺鼻的小房間裡，眼看禮儀師為往生的至親最後一次淨身，目睹那生前健壯的軀體，當肌肉與水分盡退後只剩一副皮包骨——這真的是親愛數十年的親人嗎？震懾之中，對色身徹悟。健身惜命為修行，然而，人的軀體不過是一副臭皮囊，終究，一堆塵埃或白骨。

善待妳的身體

或許是隨性，或許惰性，我很少為外表花時間和心思。即使現在，起床後，匆匆梳理幾下容易整理的直髮，抹兩下臉，確定整潔、不會披頭散髮嚇到先生和兒子後，便開始做早餐，展開一天的作息。平日除了防曬和最基本的保養，除非特殊場合，我不化妝，加上住在郊區空氣清新，有時，連洗面乳皂也免了，往臉上潑幾把清水後就大功告成。不主動提起，外人很難想像我曾一度任職女性時尚雜誌編輯。

不化妝之外，穿著上我也力求舒適。多年前認識另一半時，他說：「我最愛妳自然的樣子。」又說：「女人為什麼要把自己化（妝）成不是真實的自己呢？」幾句話，我更是從此解套，女為自己或悅己者容，或不容。

　　然而，不熱衷於打扮並不影響我對時尚創意的好奇，體悟形骸之虛無也並不減我對健康的關注。保持身心健康是好好活著、不成為自己和他人負擔的基本功課，開始跑步之後，為了減輕密集運動對身體的負擔，我必須注意體重控制，老實說，為了跑步，我甚至著手減肥。

　　深冬的一堂鋼琴課，我陷入凝滯的泥沼裡。

　　數月了，我練著蕭邦的〈敘事曲〉，這是蕭邦四首敘事曲的第一首，創作於1834至1835年間，他大約24歲，因為不滿蘇聯的霸權而離開華沙，放逐於巴黎。那個時期，波蘭的國家主義者從文化（文學或民謠）中尋找靈感。蕭邦受到波蘭浪漫主義代表詩人麥茲凱維奇（Adam Mickiewicz）的啟發，打破了由貝多芬領至巔峰的古典傳統，創作出這首複雜而新穎的鋼琴曲。

全曲彈來大約10分鐘，由一段朗誦掀開序幕，如果這首曲子講的是一則故事，這段序曲立刻抓住聽眾的注意力，五小節的八度爬升，沒有旋律。接下來的樂曲集戲劇性、優美情感、磅礴氣勢、熱情與憂鬱於一身。曲子彈起來很盡興，但也需要一定的技巧與體力，尤其幾段艱難的段落，不管我如何放慢速度、反覆練習，依然彈得黏糊破碎，更別提該有的速度與音樂表情。練習過幾百遍，重來再重來之後，突然想：「如果從20或30歲時就開始練，現在是不是能駕輕就熟？」驟然之間，年紀如烏雲籠罩，一股力不從心的氣餒與挫折感襲捲而來，「怎麼彈都彈不好，甚至不想碰這首曲子了……」我垂頭喪氣地坐在琴前。一旁的鋼琴老師安撫鼓勵我，說這首曲子本來就難，需要一定的體力和耐心。「但就算彈起來了，我恐怕永遠也背不起來，我已經快50歲了，記憶力越來越退化……」想到表演時所需的準備，我繼續無奈地說。

「什麼！？」老師掩口，「我以為妳只有40歲出頭、比我還年輕呢！？」

「不不，我已上了年紀……，」老師的善意與錯覺讓人同感意外，頓覺尷尬，謝過他的同時，對自己這把年紀了還幼稚地鬧脾氣頗感羞愧，趕緊致歉並跟他解釋我的困境。

老師體諒地說：「我們都會有情緒，也都會有累的時候。」

是的，我是累了，但倒不是因為勞累，而是因為那幾天我正在減肥。

天生的體質、中年新成代謝減緩，加上素來從事靜態工作，長期伏案書桌前，每年一入冬季數月深雪酷寒，戶外活動驟減，我發現自己總是匆匆地出門買個菜、辦個事後，便急忙地躲回室內暖氣裡。雖然持續跑步，但持著「有運動就可以暢快地吃」的藉口，進去的比消耗的多，這段期間體重增加數磅是常事。那幾磅直接反應在跑步上，速度不振，也讓我對這副得承負更多重量的身體，深感抱歉。這時難免會想，若能更輕一點，會比較善待雙腿，甚至還可以跑得更久、更有效率。

這時機會來了！某個過節渡假期間，連日無度的外食竟吃壞了肚子，腹瀉臥床、粒米未進一、兩天後，發現自己瘦了一小圈；不免心喜：趁這大好機會，好好減個幾磅，一定有助於即將到來的比賽。病好後，我繼續減少卡路里的攝取，並恢復運動，果然，體重持續下降，欣喜之餘，決定束緊褲帶、繼續減下去。

　　結果，人變輕了，褲頭鬆了點，但體力卻明顯開始下降，尤其一到下午便陷入一種虛脫狀態，深夜則飢腸轆轆難以入眠。脂肪、熱量與營養同時被削減的飲食下，人不但疲倦、無法集中注意力，一個星期之後，終於在上鋼琴課時崩潰。

　　暴走演出的鋼琴課之後，我趕快停止不智甚至危險的快速減肥，恢復正常飲食，也提醒自己，只要維持在正常的體脂與BMI範圍內即可，以平常心看待體重，不要淪為跑步和訓練表的囚犯。

　　多年之後，我再次減重，不同的是，這次的態度和方式與上一次迥異。

　　2020年3月，新冠病毒侵襲全球，美國各州先後頒布居家令，學校與公司行號相繼關門。月底，原本在佛州度假的我們，匆匆返回麻州家裡，展開採購日常必需之外，極少外出的隔離生活。

　　抵家後隔天，我一站上體重計不免大驚：度假期間心情放鬆與頻繁外食，體重竟創下新高！無疑地，放縱的飲食型態需要被重新檢視。身為一家煮婦，一手包辦採買烹煮，何不利用這個機會好好地實行更均衡健康的飲食與作息。

　　著手減重之前，我先接受一個事實：年紀是我的敵人。30歲之後，肌肉量開始減少，肌力減退，熱量燃燒的速度也開始減緩。40歲之後，新陳代謝減慢，賀爾蒙也改變，女性會因雌激素減少而影響脂肪的分佈，即使食物和食量不變，生活作息也如常，這時女性的體重一年平均會增加一到兩公斤，多餘的贅肉尤其容易累積在腹部與臀部。也就是說，這時，減重不能只靠節食，必須配合運動以減慢肌肉流失的速度，讓肌肉持續發揮燃燒熱量的功能，才能達到維持甚至減輕體重的目的。

　　以均衡料理與規律運動為原則，我希望採取無須過度挨餓的做法，也不犧牲先生愛美食的脾胃、海奕青少年的食量與營養需求。因此，這段期間，烹煮均衡的三餐之外，我如常規律地烘培低脂低糖的營養點心，為在家工作和上課的一家人做好長期抗戰的準備。

　　數月之後，眼看一度緊繃的衣褲變得合身舒適，難掩心中歡喜。中年減重雖不易，但若能建立一份實際可行的計畫，與健身並重，以耐心持續進行，要維持體重甚至減輕並非不可能。對身體有了更好的管理能力之後，新的體重不但得以維持，也讓人更迫不急待地想跨步而跑，享受減重後的輕盈。

相較之下，這次減重與上一次最大的不同是：

一、設定實際可行的目標：市面上減肥法推陳出新，令人眼花撩亂。很多人一開始減重時立竿見影但長效不彰，主要是犯了心急求多的毛病——為了在很短的時間內見到成效，甚至採猛暴的節食方式，初時或許明顯有效，但很快就因碰到高原期而氣餒，甚至放棄。不要忘了，贅肉是經過長期的沉澱與累積，頓時之間要求它們減少或消失，不但不健康也不切實際。

認識了身體隨著年紀的自然演變後，一如剛開始跑步，我不求快，不求多，以和緩而可行的速度，一個月1磅（約0.5公斤）的目標，慢慢減到預期的體重範圍。想當然耳，這期間數字難免上下起伏，甚至幾天高居不下，但我知道那是身體的自然調整，不用斤斤計較，只要保持信心，幅度走向是往下，終究會達到目標。

二、不挨餓的原則：身體需要一定的熱量以維持正常運作，熱量來自於食物，我確保每天攝取一定的熱量與養分，以保持正常生活與身心所需。

三、配合運動：規律地跑步和肌力訓練之外，每當伏案久了，我便會提醒自己起身，離開書桌去走一走。近年來，醫界莫不大力疾呼，長時間坐躺不動對健康有不小的危害，如體重增加，提高罹患心臟病、糖尿病和某些癌症等風險；而根據刊登於美國《公共科學圖書館》的研究結論，即使每天運動一小時，並不能彌補一天中其餘時間都坐著不動對胰島素敏感性和血漿脂質的負面影響。也就是說，即使每天有運動的習慣，倘若其他時間都坐著不動，即俗稱的「靜態的運動員」，運動效果不但會打折扣，更可能因而失效。

運動之後，我也提醒自己不要為了彌補熱量而大吃大喝，過度飲食。逢年過節或大餐之後，我提高跑步的激烈或長度，並加上散步和一些拉筋體操，以增加活動量。總之，要吃就要動，多吃就多動，有進就有出。少吃，多動是減肥亙古不變的定理。

四、注意睡眠：有時，不管你怎麼少吃多動，體重還是高居不下。這時，檢查確定沒有生理上的疾病之外，你可能還需要檢視一下生活作息和睡眠習慣。

根據《美國臨床營養學雜誌》報告，睡眠不足或品質不佳的人，可能會因為太累而減少或省略運動；這同時，為了應付更多醒的時間，身體的壓力賀爾

蒙（cortisol）會提高，刺激飢餓感，因此你可能吃更多（尤其是對澱粉的需求）。足夠的睡眠不但讓人神清氣爽，有助於記憶力和減重，「約翰‧霍金斯公共衛生學院」的研究報告也指出，品質好的睡眠可能減低罹患失智症的機率。

五、找出最適合自己的減重方式：因為年紀、生理與生活型態等種種不同，每個人適用的減重方式也不盡相同，與其盲目地追隨減肥潮流，更好的方式是了解評估個人的體質與生活飲食習慣，找出導致你體重增加的「嫌疑犯」。有些人愛吃甜點，有些人嗜酒，一戒掉甜食或美酒之後，體重就明顯下降了。以我為例，我的大敵是澱粉──舉凡麵包、米食和義大利麵一向來者不拒。察覺到這點之後，我對症下藥，減少攝取量，並儘量以全穀取代精製澱粉。天然的全穀食品不但飽含各種營養素，其中所含的麩糠與纖維質還能維持飽食感，一舉數得。

六、保持察覺之心：這點對我效果最大。跟很多人一樣，我常急促用餐或漫不經心，甚至沒注意到真正吃進了些什麼、吃了多少，已超過身體真正所需而不覺。這段期間，我積極建立自我提醒的習慣，放慢用餐速度，用心察覺身體與飲食的互動反應；比如，高熱量的食物會給我立即的快樂與滿足感，但一塊巧克力蛋糕除了造成身體的負擔，究竟有多少營養價值？比如，若晚上要吃大餐，中午就少吃一點。若前一天大吃大喝，今天就清淡些。比如，嘴饞時，以一顆蘋果或一小把堅果取代一個麵包當點心。一旦多把心思放在每一口飲食上，你一定會驚訝於平日的口慾放縱給身體增加了多少不必要的負擔，稍微節制一下時，身體會有多麼輕鬆，多麼感謝你。

七、體重計上的數字不是唯一：眾所皆知，運動會讓肌肉纖維的密度變得比較高，因此肌肉一般比贅肉重。強壯的肌力讓你活動更自如，且有助於預防跌倒或運動傷害。若因肌肉增加而體重不變甚至提高，並不代表減重無效。此外，即使是兩個身體質量指數（BMI）一樣的人，比較肌肉和脂肪量的比例之外，還要看他們的脂肪主要是儲存在哪裡，如果一位是藏在腹部或內臟等健康風險較高的部位，另一位是藏在比較無害的皮下部位（那種你一招就起的），兩者的健康狀況就有明顯差距。體重之外，一個人的健康程度還包括血壓、好與壞的膽固醇比例以及血糖指數等等。總之，體重計不是唯一衡量你的飲食與運動成果的工具，追求整體的健康遠勝於盲目地計較某個數字。

跑者的身材

何謂跑者的身材（Runner's Body）？

如果指的是曲線緊致、平滑的腹肌、翹挺的臀部、勻稱結實的雙臂與小腿、全身上下無一絲贅肉……，老實說，我們周遭很少人有這樣的身材，這個印象大多是從媒體上得來的——那些把每塊肌肉都練得勻稱有致的壯男魔女，他們或穿著比基尼閃亮地奔跑沙灘上，或透過攝影棚的打光與化妝，發出電死人不償命的魅力。就算周遭有馬甲線、六塊肌或「魔鬼的身材」的朋友，那樣的體型不僅是因為跑步，一定是長久搭配其他重力與肌力訓練才塑造出來的。

當然，身材越精實跑得越快，簡單的邏輯。如果你的目標是跑得飛快，那麼，維持精瘦與低體脂絕對有幫助。但如果你的目標是當一名健康、跑得久的業餘跑者，你會發現同好之間什麼體格都有：有高有矮，有胖有瘦，沒有一定的「標準的跑步身材」。況且，上述的極端身材有時是要付出代價的，很多菁英運動員為了控制飲食與體重，長年遭受飲食失調（eating disorder）的折磨，犧牲了健康。有些女運動員因訓練過度，長期減肥以控制體重與體脂，超瘦的身材不但打亂了生理期規律，甚至危及天然受孕的機會。

除非你有如加拿大高齡運動員歐嘉・柯黛格（Olga Kotelko）天賦異稟的基因，老化是自然而正常的。歐嘉77歲才開始練田徑，接下來的18年，她創下了34項世界紀錄，麥基爾大學幫她做的體檢顯示，91歲的她，肌肉纖維衰老的程度比大多65歲的人還低。

一般的中年人，跑步多年之後可能依然有一點小腹、一雙蘿蔔腿和鬆弛的雙臂，依然沒有所謂的「跑者的身材」；然而，跑步為體能與整體生活所帶來的眾多助益，絕對比身材更重要。體能上，跑步讓人心肺更健康，血壓更穩定，壓力減輕，體力更充沛，心情更愉快……，如果妳是一位中年女跑者，運動還有助於減輕因荷爾蒙改變所帶來的從睡眠到情緒上的各種不適。

生活上，跑步讓你對飲食變得更敏感與用心，前一夜大吃大喝，第二天上路時不免感到鈍重。跑完數英里之後胃口大開，你知道補給的質與量一樣重要。你也知道，隨時傾聽身體，不過度攝取油炸或澱粉，多攝取蔬果與蛋白質，避免精

緻加工食品，給予身體優質的飲食，保持作息規律、睡眠充足與情緒穩定。

規律運動與平衡飲食多年之後，當我站在鏡子前看自己時，我看到三副真實，首先是：春風拔又生的頑固白髮、老花的視力、發皺的雙手……，一副任憑再多裝飾也無法完全隱藏的不再年輕的身軀。

再仔細一點，我看到身心的另一個面相。

這副父母生養的身體，歷經風吹雨打、人世悲喜，幸運地來到中年，足以兼顧家人、工作與興趣，可以聽音樂、讀書、走路、看風景，可以哭也可以笑。往下看，我有一個孩子喜歡擁抱、戲稱為「老家」的柔軟肚子。繼續往下，是一雙陪孩子奔跳追逐、長途旅行、跑過千萬公里、承受地面每份重擊力的雙腿。

這一副在生命風浪下翻滾過的身心，依然持續奮鬥著，我沒有理由不與它和平相處，沒有理由不善待珍惜。

我對曾經被惡意批評或苛求卻無力招架的年輕自己道歉，對這副為自己做牛做馬幾十年的身體感謝再感謝。對於自己能夠無痛無病、健健康康地跨出每一步，能夠呼吸著清新的空氣、體會流汗心跳的生命感，充滿感恩。

最後，當我再看一眼，我還看到長期鍛鍊下，這副身心所展現的全新、令人驚喜的能力，舉凡：可以提更重的東西、走更遠的路、爬更高的山嶺的體力；對各種挑戰有更大忍受力的意志力；對生命更寬和、更謙遜的包容力。這時，我看到一副獨一無二的身體，它屬於我，就是我。

這時的我，更欣賞的是黝黑堅實的曲線，怡然堅強的氣質。我相信女人可以、也該擁有強壯的體格；而一個身心穩健的50歲女人有幾絲白髮與皺紋，自然而美麗。

起跑線上，抬頭挺胸，注視著朝陽下一張張發亮的面龐，我看到的是一群為自己的健康負責的人，他們把每個週末或休憩的時間拿去練長跑、快跑、做肌力訓練和修護身心。他們早起或晚歸，雨裡或豔陽下，咬牙、喘氣、流汗，只為了追求屬於個人的目標與夢想。他們精力充沛，神采奕奕，無疑地，每個人都擁有一副跑者的身材。

關於外表與跑者的身材，我是這麼想

- 身為一名女跑者，跑鞋多過高跟鞋，很OK。
- 以有一雙粗壯的蘿蔔腿為傲，它們是你辛苦跑出的成果。
- 不論體重或體型，只要規律地在跑，你就有跑者的身材。
- 把「減重五公斤」的目標，改成「能跑五公里」，你會更快樂。不要斤斤在意，也不要因為體重一時不變而放棄運動。
- 不挑惕，不嫌棄，感謝身體為你所做的一切。
- 當外界的評價與眼光讓你產生疑惑、不確定時，試著回到從前，跟那個小女孩的自己對話：你希望她懂得如何拒絕不善的外界、如何愛護與保護自己、長大後成為什麼樣的人？不時回去確認妳的初心。
- 不必完美，也不可能完美，看到自己、接受自己、肯定自己。
- 愛自己，當你愛自己時，一切都沒有問題。

07 CHAPTER | 受傷後，更強壯

　　我清楚記得每一次是怎麼受傷的，
因為至今這些傷依然跟著我，在每一次練
跑，每一場比賽時提醒我：跑步雖是簡單
的運動，有腿就能跑（甚至坐在輪椅上也
能跑），但它也牽涉到複雜的身體結構與
體能狀態，必須被認真地看待。

　　沿著長長的佛羅里達海岸線而跑，
是我們一家渡假期間最喜愛的時光之一。
2014年夏天，跑齡剛進入第二年的我，
對跑前的暖身、跑後的修護、營養的補充
全都一知半解，很多時候只顧著埋頭往前
跑，只想跑得更快更遠。

　　佛州晴空豔陽下，我們循著固定的
路線：沿著海灣的長步道，跑至港灣中
心。沿途全是海港風景：船家或遊艇主人
正沖洗著甲板，準備出海。幾隻鵜鶘徘徊
港邊，等著釣魚的人打賞不要的小魚。岸
邊的三五群聚的行人，觀看著海豚相偕浮
游，浪裡追逐鯔魚群以飽餐一頓。

　　速度不一的三人，跑完固定在一家面海的法式小咖啡館會合，夫妻倆各點一杯冰拿鐵，與兒子共嚐甜點。徐風款款的藍天下，我們悠閒地補給與乘涼，眼前的港灣也隨著露天咖啡座的早餐時段和船隻陸續揚帆出海而逐漸熱絡起來。

　　這一天，當我來到咖啡館前的小公園，繞著圈完成最後的里數時，遠遠可見馬路對面，父子倆站在咖啡館外對我招手。措不及防時，人行道旁的樹叢後突然冒出一位老人，驚慌之際，我緊抽大腿，猛然煞車，當下只覺右膝蓋外側一陣刺痛，但慶幸沒有撞上老人，跑步的衝力之下，老少若相撞，後果恐不堪設想。

　　我微拐著走向咖啡店與家人會合，心想這只是一時的扭傷，休息個兩三天應該就沒事了。

　　結果不然，再度上路時，初跑無事，但一進入三、四千公尺，膝蓋外側就陣陣刺痛，深感困擾。停止跑步，休息了兩個星期後重新起步，但傷痛依舊。回到麻州後，儘管減少了里數與次數，症狀依然不見改善，返臺探親之行即在眼前，我終於約了運動科的醫生看診。

　　離家不遠的一棟平房裡，我久等後終於見到醫生。見面聊了幾句後，他馬上說：「妳找對人了！我不但是個足科醫生，跑步造成的運動傷害我醫過太多了，根本就是個跑步醫生，」接著說起他每年跑幾次馬拉松，也跑超馬、長泳、長途騎車……望著醫生那黝黑透光的臉，結實瘦小的身材，心想他所言應是屬實，頓時心裡充滿希望。

　　詳細診斷與照過X光後，醫生看不出有啥問題，建議我去做核磁共振看個清楚。

　　夏天的清晨五點，我頂著異常冷的寒風走進MRI中心，一位左手略有殘疾的女櫃檯來開門後，大樓新漆的味道衝鼻而來。我躺在冰冷的平臺上，掃描技師貼心地幫我蓋上毛毯，遞上舒適的甸重耳機：「想聽哪個電臺？搖滾、古典、鄉村？」

　　遠行在際，滿心打包瑣事，沒能聽出耳裡的莫札特奏鳴曲，更不用提那30分鐘的古典音樂，成為我這輩子最昂貴的一次聆聽。

　　拿了片子，再回去見跑步醫生，兩人擠在他的筆電前，看著我右腿的繁複解析圖，最後確定是右膝蓋外側的筋膜受傷，也就是跑者最常見的運動傷害之一：ITBS（Iliotibial Band Syndrome，髂脛束症候群）。

　　「這裡有積水，這裡有點發炎，但都不是太大的問題，可以注射類固醇減輕疼痛，不過這個點比較隱蔽，我做過治療，但次數不多，如果是膝蓋，我注射過幾百次，閉著眼睛都可以做，但這個部位我大概只做過25次……」跑步醫生不改炫耀地提供治療方式，我一邊對自己的腿無大礙感到放心，一邊卻不免狐疑：「經過這番檢查，若最後只落得以注射類固醇減輕疼痛，而無法根治的話……」不免心生猶豫。

　　「說到膝蓋？我的膝蓋看起來如何？」我改問。

　　「很好，妳的膝蓋看起來很漂亮。」聽了不覺一喜，這不但再度掃除我對「跑步會傷膝蓋」的疑慮，更不得不愛美國人動不動就用「beautiful」這個字來形容許多事情，包括身體的功能正常。（眾多研究結果顯示：跑者罹患關節炎的比例，並沒有比非跑者高；相反地，跑者的骨質密度通常還會比較高，有助於身體的平衡與穩定性。跑者出現膝蓋疼痛的問題，一般是以下幾個原因：初跑時，

膝蓋承受較多壓力時的反應，就跟剛開始舉重時，肌肉會酸痛一樣；再來就是核心和肌力訓練不足，臀肌與腿肌無法有力地支撐膝蓋；還有可能因為過度訓練，或是職業或其他傷害所致。）

「膝蓋沒事，但有了這個傷，我還能繼續跑步嗎？」

「能！當然沒問題，去跑！繼續跑！」跑步醫生肯定地說。

膝蓋沒問題，也能繼續跑，那我還有什麼好擔心！至於這傷，既然眼前無礙，就暫時與它共處吧。人到中年，心理與身體上，誰不多少得帶點疼痛過日子？當時對復健持懷疑態度的我，決定以休息減輕症狀，希望藉由減少跑量，讓身體自然癒合。

讀到這裡，你心中不免會產生疑問：自稱運動傷害專家的這位醫生，怎一句也沒有提到核心訓練或任何增強膝力的復健或訓練？沒錯，這是後來當我對跑步有更深的認識之後同樣萌生的疑問，也是我跟這位醫生說掰掰的主要原因，但這些都屬後語，那一天，我只知跟跑步醫生道謝，起身推開診所大門，跨出我的「漂亮膝蓋」，走入陽光裡。

如果第一次受傷純屬意外，那第二次受傷完全就是因為訓練過度。

第一次受傷之後，舊傷雖困擾但並無大礙。萌生跑全馬的念頭後，我不斷地增加每週的訓練里數，一心朝目標前進。第九場半馬之後，稍事休息，很快地我又繼續上路。週末的長跑，秋老虎的威力十足，剛完賽後的信心讓我覺得可以跑更快一點，一路加快，不料，跑過10英里時，左腿膝蓋外側咖地一聲，心裡暗喊：「不好了！」稍微改變姿勢與使力方式，試圖減輕那個部位的負擔，我把重心放右腳，希望過一會兒就沒事了。

誰知雖減慢了速度，但跑到14英里（22公里）時，膝蓋外側竟刺痛不堪。從正式開始跑步以來，我從不曾用走的，即使比賽到最後，不管雙腳有多酸痛疲憊，依然堅持慢跑前進，然而此時卻不得不放棄。走了約半英里之後，試圖再度起跑，還是不行，左膝外側如針鑽刺，而右腿必須承負所有的重擔，跑姿已失衡變形。想到右腿的舊傷仍在，而這下子好腿也陣亡了，心中懊惱至極。

回到家，冰敷止痛後，上下樓梯時膝蓋依然痛楚。經過上次的拖延，我學到這次得快點看醫生、儘早治療才能得到最快的復原。

　　大霧的秋天，清晨六點，高速公路上已塞滿了車，昏黃的車燈如螢火蟲點點密集。住在安靜的郊區久了，很容易忘記，這個世界總有千百萬人日夜在路上為生活奔波。

　　走進運動專門診所裡，檢查完筋骨後，華裔的楊醫生看過X光片說：「一切都好，沒有十字韌帶或半月板拉傷，也沒有跑者膝……」我正暗自慶幸，「不過，是ITB受傷！」他宣布。「啊，又是！」我無奈又挫折地喊道。

　　醫生指著牆上的大腿解剖圖，緩緩地解說：「髂脛束是大腿外側主要的一層筋膜，從髖部外側的髂嵴，沿著大腿外側往下延伸至小腿上方，負責膝蓋的穩定性，也關係到大腿的伸展和旋轉等動作……，」後來我讀到ITBS又被稱為「跑者的惡夢」，通常當跑姿不良或核心臀肌不夠強壯時，一旦拉長跑距、加快速度或遇到突來衝擊，髂脛束便很容易受傷。髂脛束也是臀大肌（Gluteus maximus）和闊筋膜張肌（tensor fasciae latae）兩塊肌肉的延伸，下坡或跑在崎嶇的路面時有助於穩定骨盆。女生由於天生骨盆比較寬，跑步時髂脛束受的壓力較大，一般比男生更容易患此症候群。雖非筋骨嚴重傷害，但因難以手術或藥物根除，「髂脛束症候群」主要的自然治療法是靠復健和肌力訓練。幸好，ITBS通常不至於惡化，很多跑者長期帶著這個傷繼續跑，繼續比賽。

　　再度馳行於高速公路上，我知道面前有一條漫長的修復之路。

　　一個星期後，我開始進行復健。高瘦的復健師Alex以前也是一位長跑者，腳踝受傷後改騎長程單車。他一按觸我的雙腿，馬上發現它們累積了不少緊繃，測試後也發現我的核心、臀肌與膝蓋四周肌群都很虛弱（很簡單地，單腳站立在平衡墊上，另一腳前後或左右擺晃時，身體危墜不穩）。當核心與肌力不夠堅穩，無法提供膝蓋強而有力的支撐時，一旦遇到跑太快或太久，就很容易受傷。

　　按摩、利用彈性拉繩做臀肌與腿肌訓練後，Alex開給我一些可以自己在家練習的功課，也建議我最好停跑一段時間，如果非得跑，就維持在五、六千公尺左右，讓雙腿充分地休息。

　　「聽從身體的聲音，有時先退一兩步才能再進步。」他語帶哲理地說。

　　走出復健大樓時，霧已散去，太陽溫暖地灑落大地。我撥手機給海奕，確定他吃過我預留的早餐，自己上了校車。孩子一一說有。想到睡前他曾提醒我：

「媽媽，妳出門前別忘了給我一個親吻。」我跟他確定，透過手機的亮光我曾輕步走入他房裡，在他額頭留下一個吻。問了我的狀況後，他說：「媽媽，希望妳很快好起來。」

上車後，我給出差中的先生打電話，說了身體狀況，也謝謝他不斷鼓勵我去看專業的運動傷害醫生以及做物理治療。

復健進行兩、三個禮拜後，我開始感受到雙腳的肌力進步，但想到剛建立的跑步習慣倏然中斷，無法正常訓練，無法繼續突破成績……「跑者的憂鬱」襲擊著我。跑步的痛苦，跑步的快樂，外人恐難了解。不能跑之後，改成健走是不夠的，光游泳也不夠，那份想飆汗，想自由跨步的渴望，讓人驚覺已染上跑步的癮，它已成為生活中不可或缺的一部分。

像個認真的學生般，我跑前跑後確實暖身與拉筋，勤快地用滾輪按摩，持續做復健與增強臀腿力的功課……；數星期後，眼見早已報名的另一場半馬賽即將到來，「我能跑嗎？會不會造成更大、甚至永久的傷害？」我問復健師。

「若妳能忍痛、別跑太快，傷處並不致於會惡化。」Alex看著我說，顯然見多了這種「愛著卡慘死」的跑者。

得到醫生和Alex的雙重許可後，我決定去跑個人的第十場半馬賽。

比賽在鄰州的海岸舉行。清晨六時，我摸黑出門，車駛在高速公路上時，氣溫只有6度C。

起跑線後，如沙丁魚擁擠的參賽者按個人速度分組聚集，這是參賽史中規模最大、最像嘉年華會的一場。沙灘上同時進行著振奮人心的熱門演唱會，沿途民眾熱情加油，有人把家裡的大喇叭搬到草坪前、大聲播放節奏熱烈的熱門歌曲。有人張開「跑快點，我們才能趕快去聽歌、喝酒！」的字報，有個孩子高舉著「媽媽加油，我愛妳」。很多小孩在補給站前幫忙。

起步後，經過了商店與住家，賽者們開始沿著海灘跑。秋風涼爽，陽光閃耀在海面上。剛開始不確定左腿膝蓋外側的ITB是否可應付，幾個上下坡後，沒有疼痛，不覺欣喜：臀肌與大腿肌同時支撐著腳步，我感受到一份全新的穩定。然而，不意外地，隨著里數，新舊腿傷全冒出來了。經驗之下，我放棄追成績，改盤算著如何讓腿肌越晚鎖住越好，最好能撐過10英里，如此，即使最後3英里得

用走的，也不至於走到山窮水盡、所有人全跑完去吃午餐了。

當痛楚更明顯時，我想到米龐仁波切的經驗：參加多倫多馬拉松時，腳底起了一個四又二分之一英吋水泡，流著血的他沒有讓「痛苦偷走我的心」，而是「我注意痛的感覺，但沒有讓它控制我的精神領域，我找到一個細微的平衡；不忽視那個痛楚，同時，我讓自己專注在多麼幸運，夠健康，能夠跑馬拉松。」

終生練習禪修的米龐仁波切應對痛苦顯然比我強多了。咬著牙，我不斷地提醒自己保持正面，耐心而小心地減速與配速。

因為全程保持體力，來到最後一英里，我的心肺還算舒坦，雙腿的狀況也穩定，「此時不衝待何時？」提氣擺臂加速，刷刷一口氣超越了數十人，熱情民眾的加油聲中，一見終點的計時器上，成績跟往常並沒有差太多時，不覺大喊一聲「歐森！」腦裡馬上浮現下一個念頭：「等我的腿好了，一定要再戰這場！」

領過水和補給品後，我走進醫護帳篷索取冰袋，「你是今天第三個有ITBS、需要冰敷的跑者。」年輕的男醫護人員說。

坐在沙灘上休息，陽光亮麗，天空藍得如剪貼，面對著無垠的大海，我深切地體認到，跑步不是埋頭跑那麼地單純，如果要避免受傷、長久地跑下去，我看待跑步的態度與訓練方式必須改進。

接下來的日子，跑步以外，我持續混合其他比較溫和的運動，例如：健走、游泳，背起捲成長筒的軟墊去上瑜伽課，冬天時則去滑雪；可惜的是，這些不夠密集的交叉運動成效依然有限。2019年夏天，當我再次將距離推向20英里（32公里），朝著一段長陡下坡跑去時，疲憊而不夠強壯的臀肌支撐乏力，一陣刺痛，我的左臀也受傷了。

再也別無選擇，若要繼續跑下去，我唯一的辦法就是認真地增強核心與肌力。

　　秋天時，眼見漫長嚴冬即將到來，我開始規律地出入新家附近的健身房，也第一次走進瑪麗露的「芭蕾塑型課」（barre fusion）。

　　寬敞的教室，玻璃鏡大牆，光滑的木板，學員們各自從牆上的掛杆上取下一張瑜伽墊子，從牆邊的籃子裡拿了一顆彈力球和兩個輕量的啞鈴，準備就緒。

　　悄悄地在教室後頭找了個位置，我興奮又有點緊張地迎接一份全新的體驗。

　　教室前頭的瑪麗露矯健嬌小，線條勻稱，身材緊緻無一絲贅肉。平時也教「新兵訓練營」（booth camp）課程的她，全程無休，連水都不用喝，精精實實地給大家上60分鐘的課，當所有年紀體型不一的學員汗流喘息，她從頭到尾親身示範、數數打氣，氣不喘臉不紅。不稍說，這位固定戴著球帽、年過半百、一生投注於健身的女教練從此成為我學習的另一榜樣。

　　Barre是芭蕾練習的把杆，芭蕾塑型結合了芭雷舞、普拉提斯、輕重量、有氧和瑜伽等運動，藉由重複而細緻地肌肉訓練，塑形全身。動作包含了鶴立、跨蹲、腳尖蹲立彈跳等很多芭蕾的基本動作，非常需要強壯的肌力、控制與平衡力。

芭蕾塑型課的精美讓人著迷，一年多規律地練習下來，肌力與彈性逐增之外，它也幫助我矯正了長期的駝背與縮腰等不良姿勢。

芭蕾塑型、普拉提斯、混合訓練（Cross Fit）等受女性偏愛的訓練之外，舉凡重力、核心、高強度間歇（HIIT）或肌力訓練（Strength Training）對跑步都很有幫助。一旦全身的肌肉都更強壯時，不但可預防受傷，腳下的每一步將更堅實有效率；幾次在路上得緊急煞車時可即時控制住腳步，腹肌帶動雙腳前進的整體掌握感，都給人一份全新的信心。最明顯的進步是，同樣的半馬距離，數年前第一次參賽後，疼痛到無法走路，恢復期至少需要一個星期；而今，賽後隔一、兩天即可上路進行恢復跑，判若兩人。

＊ ＊ ＊

根據「美國物理醫學與復健學院」（American Academy of Physical Medicine and Rehabilitation），大約70%以上的跑者，每年都會受到程度大小不同的跑步傷害。

這個比例高得嚇人。這些傷害形形色色，包括足底筋膜炎、ITB症候群、跑者的膝蓋、脛骨夾板和跟腱炎等。不合腳的跑鞋、核心不夠強壯、不正確的跑姿……都可能導致受傷；然而，根據有百萬會員的Active網站調查，最常見的罪魁禍首是：訓練過度。

有經驗的跑者都知道，若要避免因訓練過度而受傷，必須遵守10%原則：每週的增加里數絕不能超過10%。換句話說，如果你上週跑了20英里，請在下週將里數增加到22英里，不能更多，循序漸進的跑程有助於避免受傷並提高表現。

儘管受傷的比例高，但比起很多運動不慎時可能骨折或嚴重創傷，跑步依然算是安全、傷害較少的運動。況且，平日生活中也常有受傷的可能，比如我的第四次受傷就跟跑步完全無關。

冬天之外，每年夏天，我們照例花很多時間在佛蒙特的山上。素有「綠山之州」別名的佛蒙特，綠山群嶺貫穿南北，林區面積佔全州總面積的76%，各種不同難度與壯麗景觀的山脈群遍佈。一到夏天，我們輕裝簡便地走進一片片山林。

2018年仲夏，穿越洲公園的濃密樹林，爬到山嶺後，我的右膝內側不小心

撞上了一塊大石頭。兩年後的冬天，滑雪時摔倒再度拉傷這個部位。至今，這個傷陰魂不散，有時甚至比ITBS更難搞。

提起這件事，我想說的是人生充滿意外與危險，你可能下樓梯時跨空，或因路滑而不慎扭傷腳踝，可能長坐姿勢不良而腰背受傷……；但你不能因為怕溺水而不敢學游泳、怕出意外而不出門，或怕受傷而不動。我們只能盡量謹慎小心，盡力學習正確的知識；然後放開胸懷，繼續去嘗試。

作為一個毫無專業訓練的素人跑者，多年以來，我用身體去經歷跑步的一切。無疑地，受傷令人受挫困擾，但受傷也讓我更深一層地認識自己的身體：知道右膝蓋外側、左臀內部是什麼組織，知道筋膜構造、十字韌帶、半月板、ITB等是如運作與輔助彼此。筋骨與肌肉如何牽動彼此，腦與心臟如何供氧供血，速度加快時心肺如何配合運作，皮膚對刺冷、烈陽的感受與反應。

照護之下，穩定無礙的舊傷持續提醒著我，身體準備好之前不能求多、求快，遑論求兩者。受傷也讓我見識到身體的彈性與神奇，對身體必須更尊重、更愛惜。隨著體能更穩健，建立出一套平衡規律的飲食作息之後，我對成為一名終生跑者的理想更具信心。慢慢地，我日常讀的書、留意的資訊，對人生的計畫與老年的態度也改變了：坦然面對老化的事實，只要持續而正確地運動與作息，即使帶著一點傷，依然可以老得健康而強壯。

我所學到的一切都是親身經驗，如果可以重來，我一定會在身體還沒有準備好之前不求快、不求多，更認真看待和訓練核心與肌群，以減少運動傷害的機會，避免更多身體受傷和心理受挫。

還好，「只要願意開始，永遠不嫌晚。」（The best time to plant a tree is NOW）

也希望，讀到這本書的你，能因為我的經驗而少一些跑步傷害，多一點樂趣。

受傷教我的幾件事

- Recovery is powerful！休息是為了跑更遠，跟訓練同等重要。
- 有問題就要去看醫生，不要輕忽疼痛。
- 對醫生的診斷與醫療建議有懷疑時，要進一步徵詢第二、甚至第三位醫生的意見。
- 意外難免發生，不要責怪自己（或造成你受傷的人），也不要在意那些勸你放棄的親友，專心在修護上。
- 養傷期間，體重可能會增加，傷好後，跑速可能會減慢，不要擔心，保持耐心，把傷養好最重要，因為別無他途，復原是重回跑場唯一之路。
- 認真做完該做的復健，不要抄短路。
- 修護期改做其他較和緩的運動如騎單車、游泳或瑜伽，還是要動。
- 肌力訓練很重要，肌力訓練很重要，肌力訓練很重要。
- 珍惜恢復後的體能，充實預防傷害的知識。
- 不管你的目標有多高，夢想有多遠，健康最為基本也最重要。

08

CHAPTER

一個中年跑者的自白

　　曾幾何時，變成了一個中年人——青春已遠，老年在眼前，周遭開始傳出老同學或舊識過世的噩耗，朋友聚會時談的話題逐漸被老化的種種徵兆、退休的規劃、保健養生等等所取代。

　　生兒育女、工作養家、打造未來、背房貸、為老年做儲蓄……，操勞數十年間，因為太忙碌或太疲憊，我們沒有時間精力去照顧身心。這時，長期被忽視的身體也開始放棄你，再也無法像年輕時那樣熬夜浪蕩、恣意囤積垃圾食物。這時，老花眼、白髮、魚尾紋……相繼出現，身體的新成代謝明顯變慢了。不須鬧鐘，

清晨即醒，躺久了腰痠背痛，滑到嘴邊的字硬是忘記，三天兩頭找鑰匙或手機，稍微多吃一點就覺得胖。鏡子前，對著自己的肥臀、小腹、蝙蝠臂、粗腿、鬆垮的皮膚，免不了要嘆口氣。縱使聽過長輩提過千百遍關於老化帶來的身心改變與生活不便，對於大多數人，當各種退化的徵兆開始發生在自己身上時，還是令人驚心。

尤其是女性，隨著中年進入更年期，身心會產生巨大的改變。雖然正式來說，女性得在停經十二個月後，才算真正進入更年期；但是，根據美國老化研究所（National Institute on Aging）的研究，大多數女性在45歲至55歲之間，已開始出現更年期的症狀，這個轉變可能持續七至十四年才結束。

停經之外，隨著賀爾蒙改變與新陳代謝減慢，中年後，心肺耐力（最大攝氧量VO2max）會降低，肌力與骨骼密度會下降，體脂增加，美國更年期的女性體重普遍增加五至七公斤，贅肉主要出現在腹部和臀部附近。這時，隨著雌激素和孕激素的下降，調節睡眠時體溫、潮熱和盜汗的褪黑激素會缺減，女性的睡眠品質也會隨之下降，根據「美國睡眠基金會」（National Sleep Foundation），61%更年期後的女性有失眠的問題。

沒錯，中年糟透了；但好消息是，越來越多的研究也發現，運動不但有助於增強體能和放鬆心情，更能幫助中年人維持或提高生活品質：有氧運動能幫助放鬆肌肉與情緒，有運動習慣的人會睡得比較好一點。另外，運動有助於增強身體的骨質密度，提高肌肉的品質。有運動習慣的女性，更年期會比沙發馬鈴薯平順些，不適的症狀較少，整體生活品質比較高。更別提運動的一般好處：增強心肺功能、降低膽固醇、減肥、延長壽命等等。對於年長的運動員，爆發力雖會隨著年紀遞減，但耐力並不變，適合長跑，也依然可以維持在牛紀內可能達到的最佳狀態。

起步的勇氣

一般而言，中年跑者雖然無法與很年輕就開始跑的菁英相提並論，後者可能是高中田徑隊好手或是大專生跑者，除擁有天生特質之外，也投注了很長的時間與精力培養競賽的體能；話雖如此，30幾歲後才起步而創造佳績的的跑者依然

時有所聞。

英國女選手普莉西雅．威爾奇（Priscilla Welch）35歲才開始比賽，之前不但跟跑步沾不上關係，還是個一天一包煙的菸癮者，40歲時，她以2小時28分54秒贏得1984年奧運馬拉松第6名，2小時26分51秒獲得倫敦馬拉松第2名。54歲時，她以63分58秒跑完土爾薩15Ｋ路跑賽。

瑞典的伊薇．帕姆（Evy Palm），年輕的時候一週跑個幾天，並不是特別認真。當了全職母親後與運動更是漸行漸遠，一直到女兒們都長大、40幾歲時才重回跑壇。1988年，46歲的她代表瑞典贏得在韓國舉辦的夏季奧林匹克女子馬拉松第24名，70幾歲時，她依然每天跑。

另一個最佳例子是利物浦出身的紐西蘭跑者傑克．佛斯特（Jack Foster），自喻為「古代馬拉松跑者」的他，32歲第一次穿上跑鞋，40歲時跑出2小時11分的馬拉松成績。一篇訪問中，佛斯特提到跑後習慣以冷水沖雙腿，「有人告訴我，這是他們給賽馬做的，對賽馬好，對我應該也好。」他認真地說。

眾所皆知，村上春樹從34歲開始每天跑步。當時，他關掉爵士咖啡屋，打算專職寫作。整天伏案、體重逐增，加上菸不離手手指泛黃、全身煙味，村上意識到，如果要把寫小說當長職，他需要運動，而跑步很適合他的個性與生活型態。《關於跑步我想說的是》一書中，村上也提到，從小到大，他對學校強制的學習或運動大多不感興趣，但若果是「自己想做的事，在自己想做的時候，讓我依自己的方式做的話，卻可以比別人加倍認真地拼命地做。」跑步成為理想的選擇。

以上眾例屬於中年起跑的傑出特例，即使你的志向不是跑進奧運，只想做一名中年的素人跑者，此時起步，依然深具潛力和優勢，尤其是時間和心態上。

時間上更有彈性：中年之後，生活與工作更穩定，孩子也大了，時間再度回到自己手裡，比較容易找出時間運動。

心態更沉穩，期待更實際：有了一定的人生歷練與智慧，知道自己不再年輕，不心急不求快，轉而追求安全與穩定。因為沒有「往日的輝煌紀錄」需要維持或打破，一切從頭開始會比較容易嘗到單純的興奮與成就感，也會比較願意耐心學習身體與飲食的知識，比較謹慎每個腳步。因為人變得比較有彈性，縱使錯過一兩天練習，或比賽成績不盡理想，也不至於太苛求自己。中年的你知道，因

為每個人的基因、努力、跑步經驗、訓練方式、環境、飲食營養與生活習慣等等條件皆不同,都可能影響跑步的狀態與表現,因此你更懂得摒除競爭的壓力,專注在自己的身體狀態與腳步上。因為這時的你比較成熟,即使有時遇到:「你有在跑步怎麼沒有比以前瘦!?」或「跑步對膝蓋不好!」等質疑或落井下石,了解生命苦短的你,不會再把時間和精力浪費在外界的眼光和評價上。總之,中年後一般比較容易滿足,出門跑步的理由不必冠冕堂皇,可以很單純地為了流汗的暢快、為了某一片風景,甚至,只為了一杯冷釀的冰拿鐵而跑。

身心更愉快,生活更有趣:一如Nike名言:「有些俱樂部你無法加入,有些社區你住不了,有些學校你進不了,但是馬路永遠為你開。」跑步是最自由而友善的運動之一。心情不好時,換上跑鞋出門跑步,隨著安多芬的釋放,一身汗後身心暢快,肌肉放鬆,心放鬆,很多問題也鬆了。這時憂鬱不見了,不必苦哈哈地節食,控制每一口食物,對孩子更有耐性,不記得上次跟另一半吵嘴是什麼時候,更別提當他或她以全新的目光注視著你說:「你越老越性感了。」臉上肯定浮出一抹滿足的笑容。

跑步老少咸宜,若加入跑友俱樂部還能拓展人際,增加生活樂趣。我很幸運,家人多好運動。平日和家中一對父子一起運動、分享資訊、互相支持之外;電話中,我更愛跟數十年如一日勤打乒乓球的小姑分享養生訊息,暢聊雖有運動傷害但「愛到深處無怨尤」,那份只有同好者才能了解的癡迷。

更能享受獨處:跑步是獨處最佳良機。雖然不時會胡思亂想:「好冷,出門前該多穿一件的。」「兒子不曉得有沒有帶午餐的錢?」「晚餐要吃什麼?」「想尿尿,不知能不能忍。」這種像乒乓球跳躍不定、被禪修者稱為「猴子的心」的狀態極為正常。比較起來,中年的你更懂得利用跑步時去思考與安排許多事:規畫三餐、安排旅行、思索如何跟同事或另一半溝通、發揮創意……;比較懂得不擔憂,事情待會兒再去處理,現在只要專心跑步;也比較懂得珍惜這段安靜的時光。

透過這些獨處的時刻,你越跑越發現,世上什麼對你最重要,那些不能改變的過去,無法掌控的外在評價,或不可預知的未來,都不重要,跑步的你,堅定而純一。

更懂得以跑步來愛自己：跨步而出後，中年的你會更努力地把它當作生活中最重要的活動去堅持。

我們常聽說，上了年紀之後要更加愛惜自己，以自己的需求為優先，一點兒也沒錯。

想想，一路以來為了家人和生計，犧牲奉獻，投注了無數的時間與心力，勞苦半生後，來到人生最後一段路，你別無選擇，必須將健康擺在最前頭，做自己的主人，否則當你更老或病衰時，能真正依靠誰？

中年之後，大多的工作可以明天再趕，家人的晚餐可以晚點再煮或外帶，朋友可以找時間再約……；唯有，照顧自己的時間不能輕易妥協。就跟任何規律的運動和嗜好一樣，你知道必須騰出時間，將它視為生活中最重要的事之一，才能日積月累，也才能清楚地讓周遭的人知道它對你的重要性，不可被輕易打擾或介入。

不僅是運動，生活上任何事都一樣。當你重視自己的需求，把對你重要的事優先秩序釐出來，並確實實踐時，不但少了千頭萬緒或雜亂無章所帶來的壓力，更會感覺生活越來越輕鬆，更有餘力享受人生。反之，若你繼續漠視身心的需求，一天又一天地任憑繁雜無謂的人情世故與工作纏繞，那麼，別人又怎麼會拿你的需求與喜好當真，甚至配合、支持你呢？

多年以來，當上午的工作告一段落時，就是我的運動時間。這時，家人很習慣我不見身影，知道我跑步去了；或著，他們會看到我鋪上運動墊子，準備開始室內訓練。在家工作讓我很幸運地作息較有彈性，雖然如此，我盡量維持固定的運動時間，日復一日，一來讓自己的身心養成習慣，時間一到很自然地進入「想動」、「準備動」的狀態；二來也方便家人了解與配合。

另外，每逢新年前夕，我總會找個安靜的地方，坐下來，思考與訂定未來一年的計畫與目標，其中包括每月的跑步里數、希望維持的平均速度範圍、預計參加的比賽日期與賽程等等。這些目標是以多年的跑步經驗、體能狀態與現實環境為基礎，實際評估過其可行性而設定的。比如，我知道每逢新英格蘭的嚴酷長冬，路跑數一定會減少。秋天是最適合跑步的季節，里數會多一些。我也知道隨著年紀增長，我的速度會減慢，但是我的耐力不會。參賽時，我不用跟年輕的跑

者競爭，但依然可以試著跟同齡者較勁。

　　我儘量維持這樣的運動表：一個禮拜跑數次，其中有一次練節奏與速度，一次較長距練耐力，一次是長跑後的修護跑。慢快長短交替練習，並適時加入一些坡度，練習耐力。不跑時，則做肌力與核心訓練，並保留一天做瑜伽、散步或休息。這個表並非一成不變，季節與天氣大好時，我可能連續跑好幾天。有時，我刻意忘掉訓練或比賽，不去管速度或距離，跨步而出，感覺好就跑快一點，不好就慢一點，或許跑個50分鐘，或許兩個多小時，跑到不想跑或跑不動為止。

　　耐心而規律地建立屬於自己的跑步作息後，九年多以來，我對跑步有了更深的認識與體驗，對整體體能與比賽的期待也產生了巨大的改變。

　　初跑時，我想跑更快，更遠，想超越自己的紀錄。我關注著各種跑步技巧與運動媒體有關傑出跑者的報導。當別人說該怎麼跑，怎麼補充營養，我試著照做，不管它們適不適合我。

　　跟很多跑者一樣，參加過幾場半馬賽之後，我也開始興致勃勃地計畫著人生第一場全馬。我從圖書館裡抱出一堆全馬賽和與跑步相關的書，並開始上網搜尋住家附近適合的賽程，甚至前後報名了兩次全馬賽，推（幻）想著以什麼樣的速度和方式可以跑完，而不至於抽筋或癱昏在途中，以被救護車撿拾的結尾，唱完我的初馬之歌。

　　然而，幾次拉長距離所帶來的傷害，加上對全馬有了更多的認識後，我調整了期待與計畫。

　　每一位有經驗的教練和跑者給你的勸告都是真的：全程馬拉松絕對不只是半馬乘以二。也絕非如很多人所說的：「你既然可以跑完半馬，全馬當然沒問題。」比賽的本質是競爭，若要維持在一定的競賽跑速之內，全馬是一項對身體極為挑戰的競爭，甚至可能帶來永久的傷害。除了一般跑步會出現的大量流汗、肺部快裂開的缺氧和肌肉疼痛，認真的全馬賽者還可能遭受：水泡、破皮、中暑、體溫過低、曬傷、凍傷、嚴重脫水、膝蓋傷痛、髂脛束症候群、扁平足、胸腔痛、腎臟衰竭、疲勞性骨折、髖關節損傷、肌肉痙攣、跨部濕疹⋯⋯等等症狀與傷害。有些不適，跑完不久會痊癒消失，有些傷害卻會跟著你一輩子。

　　經驗與對自我的認識之下，我知道如果冒然以一定的跑速去跑那麼長的距

離，肯定會是一次慘痛的經驗，很可能留下挫折和陰影。主要是，若缺乏適當訓練就讓身心承受如此沈重的壓力，不但是自虐，提高受傷的可能性，更有可能扼殺以後跑全馬的機會。

　　沒錯，理論上任何人都可以參加全馬賽，即使在毫無訓練之下去參加也行，尤其是無時間限制的賽程，用走的，最糟用滾或用爬的也都能完賽，但那樣的參賽態度對全程馬拉松這項比賽似乎不夠尊重。

　　聽從許多教練的建言：「跑全馬是一個艱巨的過程，跑者至少每週可以『不費力地』跑25至30英里（40至48K），才可能有比較好的全馬經驗。」一心長久地跑下去的我，打算更充分地準備自己，繼續朝全馬之夢前進。

　　跑步是一項極為個人的活動，上述是適合我目前的體能與生活型態、讓我持續跑下去的規劃與期望，初上路的你可以慢慢調整，找出最適合自己的方式。重要的是，跟從事任何新的活動一樣，跑步需要循序漸進，體能準備好之前，不要去擔心每週或每月的跑量和跑數，不要因為這個月跑得比上個月多和快，下個月馬上加碼，要知道，質與量同等重要。很多人興致勃勃地開始跑步，尤其參賽後

發現成績還叮以，不免寄望不斷地突破，不斷地激烈訓練而無視已超過身心所能負荷的程度，陷入了四個「太」而不自知：次數太多，跑程太長，速度太快，期待太高。這時不但容易受傷，一旦碰到瓶頸或高原期，難免心生挫折和退意，這也是很多人跑步不久便中斷的主要原因。

多年來，我所依循的練跑原則是：「在安全而不受傷的前提下，跑在一個身體心肺都得到運動的速度，再隨著體能增加里數，」那些數字——每月或每年跑多少里數或均數多少，只對你個人有意義，也只需對你有意義。聽從身體的聲音，適時適度地調整才能延續健康的跑步生命。

還有，跑步是一項辛苦的運動，不要讓那些打扮光鮮、鏡頭前笑容燦爛、一派輕鬆的名流跑者給矇騙了。要跑出最好的成績需要花很多時間、非常辛苦的訓練，建立規律的跑步習慣需要很大的毅力，修護傷害時則需要極大的耐心；因此最好能找出跑步的樂趣，否則難免很快就失去興趣。

你可以藉由：建立喜歡的跑步歌單、加入友善、互相鼓勵而非競爭比較的跑步俱樂部、以跑步裝備如一雙新跑鞋獎賞自己等等方式增加樂趣；或者，偶爾更換跑步的場地，營造一點新鮮感。有時，抱著和同好聚集一堂、赴盛會般的心情參賽，會有意想不到的趣味。有時，到了最後一英里不妨放慢腳步，以恢復跑當作一份獎勵：辛苦之後，現在可以悠閒地享受跑步，切切實實感受自己穩健的身心。記得，每次跑完，不要忘了深呼吸：吸進正氣，吐出負氣；然後，拍拍自己的肩膀：「你又完成訓練了，你好棒！」

《起步的勇氣》（The Courage to start）一書作者約翰・賓曼（John Bingham）43歲時重拾跑步，他曾如此生動地描述自己：「我知道我不符合一般用來描述跑者的的形象，我不是狡兔，也不是羚羊或飛豹或任何跑得又快又自由的動物；但我也不是烏龜或蝸牛，我不再滿足於慢慢移動過一生，害怕時就躲在我的殼裡。我是一個圓矮的男人，有一顆沉重的心，但抱著希望的精神。我不是真的跑，或慢跑，而是搖搖擺擺，我是一隻企鵝，這個形象適合我。我像帝王般驕傲，趾高氣揚地面對環境，是的，我是驕傲的，是的，我又圓又慢，是的，我跑起來就像我的腿跟膝蓋是綁在一起的，但我在跑，那是最重要的。」

明尼亞波里斯的雙城馬拉松醫學主任比爾・羅伯斯醫生（Bill Roberts, M.D.,）

如此鼓勵中老年跑者：「數十年忠誠地綁上鞋帶的跑者，要提防『我太老了，所以我慢了』的陷阱，加入一些交叉訓練以提醒你的肌肉和大腦，你依然有第四（或第五檔）可以打檔前進。」至於參賽，他則建議，兩三年規律地跑之後才考慮全馬比賽，「跑得越長越規律，你越能避免受傷。」

《永遠跑下去》（Run Forever）作者及《跑者的世界》（Runner's World）雜誌總編輯安比・伯傅（Amby Burfoot）則建議上了年紀的跑者，可以換跑道，但不要完全放棄運動。他舉一輩子跑步（總共跑了25萬英里）的赫布・佛瑞德（Herb Fred）老醫生為例，60幾歲時路跑出車禍而改跑跑步機的他，89歲那年從跑步機跌下，那一刻他知道跑步生涯結束了，第二天，老醫生二話不說地登上單車，出門騎了快三個小時，「我為何要停止運動，尤其它這麼多年來幫我這麼多？」他問作者。「（運動）讓我保持身體和心理的強壯。」老醫生說。

若有一天真的不能跑了，你知道你已盡力、也體驗過跑步帶來的各種收穫，這時，可以改而從事比較輕量的運動如游泳、跳舞、瑜伽、走路……，繼續去發現每項運動所具有的挑戰與樂趣。

常言道：「開始永遠不嫌遲，停止永遠嫌太早。」最重要的是，不論如何，永遠保持動態，不要停下來。到頭來，活著的目的並不只是為了活更久，而是為了活得充實飽滿，活出人生每個階段最好的自己。

1996年6月，村上春樹跑完北海道薩羅馬湖的100公里超級馬拉松之後，經歷了「跑者的憂鬱」。意識到年紀的事實，他說：「不管多麼努力，都無法再和以前一樣的跑了。我想主動接受這個事實。雖然很難說是愉快的事，但這就是所謂上了年紀……。重要的不是和時間競賽，而是能以多少充實感跑完42公里，自己能多愉快地享受。我既不是一個向紀錄挑戰的天真年輕人，也是一個無感的機器。而是一個一面知道自己極限，一面盡量努力持久，保持自己的能力與活力的職業小說家而已。」

「大多數的跑者不是因為要活久一點而跑，而是為了把生命活到最圓滿。」村上說：「如果跑步和我能夠一起老，我就很高興了。」（I'll be happy if running and I can grow old together.）

我也這麼希望著。

中年跑步教我的幾件事

- 不管年紀多大，都可以跑（看看那些8、90歲的馬拉松跑者）。

- 不論多忙，一定找得出時間跑步。

- 不管什麼樣的身材都可以跑，認識你的體能，鍛鍊它。

- 規律地出門，不管跑多遠，一定比窩在家裡好。

- 不用對自己的跑速感到不好意思。

- 跑步帶來日常的成就感，再怎麼平淡的一天，都會因跑完而多一點光采。

- 只為了跑滿當天的里數，像個傻子般在家門口來回地跑來跑去，是很正常的事。

- 不要小看自己，一個月出門去跑個一百公里代表著某種意義。

- 接受年紀所帶來的體能改變，對訓練表與目標保持彈性，適時調整期待。

- 跑半馬之前先將五K跑好，基本功很重要。

- 那些菁英跑者或跑得比你快的人，看起來似乎很輕鬆，但事實絕不然，你可能越跑越快，但不可能越跑越輕鬆。

- 只要願意勤加訓練，你比自己想像的更強壯，更有潛力。

- 尊重跑步，保持謙虛。害怕馬拉松是好的，讓你更謹慎計畫，更努力訓練。

- 越把跑步越當一回事，就越容易規律地跑，越規律地跑，從內到外就越像一個跑者。想像自己是個跑者，相信自己是個跑者。姿態會説服人，也會説服自己。

- 有人快從後面超越時，他們可能更想贏、更吃苦，讓他們先行，不要檔在路中央，世界很大，路很寬，每個人都有屬於白己的跑道。

- 因為很多人的協助，一場比賽才能順利地舉行。世上有很多好人，以開放和感恩的心去體會一路上的美好。

- 跑時的身心痛苦是短暫的，放棄的後悔是長久的，抵達終點的甜美，無以倫比。

- 光有目標而沒有計畫是空談，學習再多的技巧，懂得再多的知識，到頭來只有一件事算數：你必須去跑。Just do it!

- 「唯有那些願意冒跑太遠之險的人，才能知道他終究可以跑多遠。」──艾略特（T.S. Elliot）

- 抬頭挺胸，試著微笑，不只是跑步時，面對人生時也是。

給中年（特別是女性）跑者的額外提醒

　　由於生理構造不同，作為一名中年的女性跑者，要面對更多身體變化所帶來的挑戰，必須更注意：

● 很多中年女跑者依然有規律的生理期。一般醫生會告訴妳，生理期時當然可以運動。這時，子宮不忙著準備孕育，可以空出來做其他的事，包括跑步。甚至，這時雌激素和體黃素都是最低的，是女性一個月裡身體最接近男（雄）性或中性的狀態，很多女性跑者就是在這時跑出最好的成績。這時子宮也忙著分泌前列腺素以刺激肌肉收縮、釋出子宮內膜，這些收縮是導致經痛和不適的主要原因，好消息是，跑步時腦分泌出的腦內啡（氨基酸Endorphins）有鎮痛效果，可減輕經痛。當然，如果生理期時人特別疲倦，練跑使得經期明顯縮短或嚴重不適，不妨休息兩天，以瑜伽或健行等較輕的運動促進血液循環，減輕不適。

● 女人骨骼鬆弛的速度比男人更早，如果妳選擇在生理期間繼續運動或正逢比賽，別忘了失血時，妳也失去鐵和血紅蛋白，較容易脫水，身體輸氧和其他營

養物質到肌肉的能力會降低，這時補充水分和富鐵、鈣的食物更為重要。鈣的良好來源包括乳製品、深色多葉蔬菜、綠花椰菜、沙丁魚和鮭魚等，而鐵含量高的食物則包括肝臟、牛肉和菠菜等。

● 男性跑者賽前喝再多的水都不是問題，隨時可以找個地方迅速解決，尤其是越野跑或賽場在自然環境中時。相形之下，女跑者就沒有那麼容易，平均50%的女跑者有失禁現象，隨著年紀肌肉逐漸鬆弛，中年女性運動褲前溼了一大片是常事，尤其是天氣酷熱或加速時。不管怎麼不願意或不方便，上路前再上一次廁所準沒錯。此外，棉墊、兩件式褲裙、雙層的運動褲也都有幫助，尤其是黑色的最安全。若真萬一感到體下一股暖流時，一笑置之，畢竟那只是水分。

● 隨著年紀，腎臟攝取水分的功能減低，嘴巴和喉嚨的神經不再那麼敏銳地傳送口渴的訊息，容易缺水而不察，所以得更注意補充水分。

● 中年的肌肉復原需要更長的時間，更不可忽視休息與修護。總之，身為女性跑者，妳對自己的身體最敏感也最了解，傾聽它，適時適合地調整，好好地照顧與愛護自己。

09
CHAPTER | 路跑的風景

　　深秋了，樹葉落盡，陽光直灑，影子比夏天時長，在前方或快或慢，我追著它，轉個彎，影子落在身旁，像一名嚴格的教練，不離不棄。

　　前方迎來一位黝黑修長的女子，我們曾在路上照過面。揮手示意，道一聲嗨後，擦身而過，各自繼續向前。

　　跑著跑著，不禁回想起九年前剛開始上路時的模樣——跟馬拉松女將瓊・貝諾瓦（Joan Benoit）一樣，每逢有路人迎面而來時，我便害羞地停下，「假裝欣賞路旁的一朵花」。到了十字路口，眾目睽睽之下，總不覺快步直衝，盡快縮短被注視的尷尬。

　　現在，我對迎面而來的同好打招呼，對讓路的行人或駕駛高聲道謝。比賽時，異於剛開始一昧地埋頭苦幹，現在的我不忘對路旁坐在小凳子上拍照的攝影師揮手微笑。大多時候，我獨自

「好，我有機會就去。」

「來歐，一定要來！」前踩後踩，阿公再度恰恰恰了起來。我對他舉起大拇指，揮揮手，繼續向前跑，不知不覺地，腳步變輕盈了：恰恰，恰恰恰……。

剛跑步的那幾年，我所居住的新英格蘭小鎮是巡迴千百遍的日常跑場。

通常工作到近午時，在門口車道上稍微拉筋暖身後，起步。我朝右邊下坡起跑，至坡底圓環轉回上坡，再下坡朝河邊的大馬路跑，半英里不求快，當暖身。偶爾，在坡上會遇到好友南西牽著牧羊犬Raco走來，我停下腳步，拿下耳機，跟她聊上幾句，拍拍Raco的頭。見我按錶暫停，南西總說：「不要耽誤你跑步，have a good run！」看著我上路。

街道安靜，人車稀少。

剛搬入這小鎮時，不管是搭先生的車或自己開車，走馬看花，記不得幾條路名，是個不經心的新居民。跑步後，沿途或起伏蜿蜒或平坦筆直，我對每一個坡、每個轉彎都逐漸熟悉。春天的主街木蘭花處處開，夏天的樹林濃蔭，秋天，一棟棟的白屋石牆旁，楓紅在透藍的天空下，美得令

人屏息。

踽踽獨行，有時被熟人野生捕捉而渾然不覺。跑完回到家，婆婆便來電了，說她開車出去買菜時，遠遠地看到我，背著水壺，拖著腳步：「看妳那麼辛苦前行，我想說不打擾妳。」那是我的巡鎮長跑，看起來難免一副艱苦模樣。公公則不拘小節，一見到我就把喇叭按得大響，直到一旁的行人或紅燈前停車的駕駛，全注意到他那跑步的媳婦才滿意。

如一名小鎮觀察員，我跑過大街小巷，經過無數人家的草坪庭院；偶爾，一輛來車會突然停在我身旁，車內的人搖下車窗，向我問路。在他們眼中，一個以雙腳踩過各條街道的跑者，無疑是極佳的問路人選。那也是我第一次意識到，從飛馳的車內看出，背著水壺、勉力向前的我，是一名熟門熟路的鎮民，而非一名來自遙遠國度的移民。

佛羅里達的陽光海岸

浮雲微風的這一天，沿著港灣而跑時，半途一位女士殺入，跑在我們之前，飛快的腳步引人注目。「好矯健的步履！」旁邊的先生拿下耳機，舉起大拇指對我說。

我點點頭，繼續前行。週日的海灣步道，跑者、散步者、推車者擦身而過，我專心著自己的步伐。

數英里後，那位女士回轉，迎面跑來，這次我有機會看到她——滿臉的皺紋，赤裸手臂上的老人斑，清楚說著她的年紀。挺直的背軀，精神奕奕的腳步，飛馳而過。「好美的女人！」不禁讚嘆，那樣的身姿與腳力，煥發的毅力與自主，不是興致時運動幾天可以練就的，而是經年累月，不辭汗水不怕日曬，把照顧自己當作極重要的事，所得到的成果。

「你想她有60幾歲嗎？」跑完步，我問先生。

「一定有，恐怕不止。」

「希望我60幾歲時也可以跟她一樣。」

「妳一定可以的。」他說。

　　一年固定造訪數次的這個南方海港不算大，但因為終年天空蔚藍且陽光燦爛，加上有一片沿著海灣而築綠地公園與步道，成為我最鍾愛的跑場之一。

　　停留期間，我們仁或一起或各自出門，從公寓門口出發，跨過與海之間的大草坪，沿著數英里的海岸步道，往左跑向環海的別墅住宅區，往右則是跑向市區。一路上，海都在身邊，陽光閃耀在海面上。散步、散狗、散嬰兒的居民、跑者或滑直排輪者、釣魚的人擦身而過。有時風狂吹，帽子都不保，只好握在手裡跑。大多時候，陽光曬得皮膚刺痛，不負其「陽光海岸」美名。速度不同的三人，固定約好在港灣面海的一家咖啡店會合，在露天座位吃完早午餐後，帶著一杯冰拿鐵，沿著同樣的海岸，走回住處。

回程已近午，幾乎獨享著海灣的安靜，我們慢慢地走，或停下來看海豚戲浪。牠們或三五成群，或單獨地來到眼前，翻浪、噴水、遨遊。

毫無阻擋的烈陽從天空刺透而下，滾燙的水泥步道足以將腳底融化，大多的旅客與行人都被暫時逼退了，只有帶狗散步的人、一身靚裝的單車隊，和堅持得幾乎固執的跑者依然現身路上。佔天時地利之便，海港的運動風氣極盛，市區的跑步專門店不時舉辦賽事。清晨到黃昏都可見沿海而跑的人，甚至日正當中時可見頂著熾熱太陽，曬得銅黑的男女跑者。

沿海跑步的安靜生活，讓我想到所謂異鄉，所謂的家。唯有反覆造訪，建立一套短暫或長久的固定作息，以雙腳走過每一條街道商店，深入其中，直到擦身而過的面孔變成熟悉，可以互相微笑打招呼，直到懂得風吹的方向、白圍牆內花開的時節、能預知一隻黑貓出沒的角落，異地才終於退去生疏，變成溫穩，成為另一個家。

佛蒙特的山水間

「炒蛋冷了，我讓廚房給你們再炒一些。」終於坐下來吃自助早餐時，民宿女服務生卡倫說。

卡倫是個嬌小灰髮的婦女，兩個女兒都長大離家，六十好幾的她依然忙碌不停，早餐時到民宿幫忙，其他時間在一家麵包店兼差，還要照顧自己一片甚具規模的菜園。這幾年來，我們一家頻繁出入佛蒙特，跟卡倫也熟了起來。今天她跟我們說起，她的丈夫每年夏天都會騎著他的老哈雷，出門一個多月，從美東到美西來回騎一趟去看世界。卡倫從來不跟，這位老佛蒙特女人不愛出門又痛恨下雪，但卻怎麼也離不開這個酷寒之州。

「聽說早上妳把佛蒙特跑了一遍，」從廚房端著熱騰金黃的炒蛋回來時，她半開玩笑地對我說。

「沒有跑一遍，倒是迷路了，」我笑著跟她說起我一早的探險。

夏日清晨，微風徐徐，離開寓所前的小路後，我如常踏上新英格蘭風景最美的公路之一：100號公路。

　　經過一夜的休息，我的腳力輕快，一開始半英里的坡正足以暖身，接著約半英里的下坡，御風而下，我朝坡底隸屬於州立公園的沙灘露營區跑去。無遮陰的馬路，只有單邊畫有窄路肩，我必須小心地避開飛馳而過的單車騎士。在滾輪的帶領下，一身勁裝的他們動輒數百英里，長騎於山水之間，穿梭於貫穿佛蒙特州的「綠山」群嶺（The Green Mountains）。

　　公路旁的「迴響湖」上，泛舟的人影點點，遠方的山安靜地躺在晴空下，山腰上，幾間房子背山面水地錯落、隱現在茂密的山林間。

　　進進出出佛蒙特幾年後，我對落腳的這片山水已熟門熟路。抵達公園營地後，我繼續往更陡密的山林前進。瀝青路很快換成了砂石小路，我將音樂聲調小一點，以不錯過可能的來車聲。樹蔭濃密、清風拂面，腳步驚動下沙塵四飛，腳底的砂礫清楚可感，彷彿跑入一片與世隔絕之境。

　　沿著規劃的路線，到了沙路的盡頭後，我改朝公路另一個方向跑以擴大跑距，不久，果然如事先了解過的指標，來到一座跨河的紅橋。國慶日前夕的好天氣，多戶人家在橋下河畔渡假烤肉。過橋後，一條陰涼小徑向林中延展，一棟棟別緻的度假小屋隱現林間。

　　佛蒙特依山傍水，素來是紐約客和波士頓人的度假勝地，冬天滑雪，夏天泛舟健行。比起城市的燠熱，天藍風徐的鄉間夏日涼爽宜人，很多人攜家帶眷來到河湖畔或住進山林裡的「夏屋」。每逢長週末或整個暑假裡，他們把小舟泊在長塢前，把洗滌後的衣物掛在草地的繩上晾曬，三餐在草地上的烤具和木長桌上打發，悠閒地聊天、喝啤酒，興致一來就跳進河裡游得一身涼。

　　過了紅橋再跑兩英里後，我照著路線來到預定的交叉點，這時本應轉入一條叫做Eastern的路，卻只見右邊停了兩部工程車，三名工人正在修護電纜，左邊則是一條叫做Ellison的路，完全沒有Eastern路的蹤影。心想，或許我把Eastern記錯了，應該就是Ellison，正好有一部卡車駛入Ellison，心想那個方向應該不至於太荒涼，便決定跟著車跑。

　　不久，卡車消失了，我察覺自己跑在一片沒有路名、只以仕家姓氏為路標的樹林深處。四下無人，尋找著出口的我一跑到死路盡頭就回轉。數英里後，眼前是另一個叉路，左邊標誌著前方是私人屬地，右邊雖是上坡，但直覺比較可能銜

接回到住處的Scott路。

坡陡如高樓，腿力終於不支，走爬到頂端時，赫見另一條死路，只有兩戶木造的大房子座落在樹蔭底下。身處深靜的樹林裡，環顧四周，沒有人如漢賽爾與葛麗特留下小石頭或麵包屑可辨路，很明顯地，我迷路了。

轉身跑下坡，回到沙地上，這時遠處一位婦人牽著狗從樹林裡冒出，我驚喜地趨前問路，誰知她不但沒有聽過Scott路，對我回終點前必須經過的海灘營區也一無所知，只能祝我好運。

別無選擇，我只好沿著來時路跑出Ellison，回到交叉路口，維修工人已離去，再次確定沒有Eastern路後，我決定順著來時的路線，跑回紅橋。確定身處何處後，心情也放鬆了，一路注意到哪間房子上了新漆，哪株繁雜的樹枝剛被砍除，留下一地散枝，哪戶人家院子開著粉紅杜鵑花，哪家的金黃萱花含苞待放。

過了橋，轉回公路，我注意到一旁的湖上，一位身穿橘色無袖上衣的女人正划著獨木舟，緩緩地破水遨行。陽光下，湖

光與人影平靜地融合。歸途中，我心中浮現讀過的一行詩：「我往森林前行，為了忘卻心緒，找回靈魂。（Into the forest I go, to lose my mind and find my soul.）」當下稍可體會，為什麼許多跑者癡迷縱身於山野間，越野跑上百里也不覺倦遠，因為在某種程度上，他們已與自然合而為一。

故鄉的土地

清晨的金門太湖，酷悶的暑氣蓄勢待發。在高鳴蟬聲的陪伴下，我獨自繞著湖跑。離鄉太久，幾乎忘了海島無遮的烈陽有多猛，擦過防曬的手臂依然隱隱刺痛。沿著水泥堤岸跑，一路上沒有人，直到接近中正紀念堂樓牌時，才看到一男一女正在掃地，我停步，請穿著長袖戴帽的婦人為我拍照留念。下了階梯，繼續往前，經過兒童遊樂場時，一位穿鮮黃無袖汗衫的中年男人迎面而來，黝黑的臉一見到我，便舉起大拇指說：「駕強！」

繼續往市區跑，蟬聲幾透雲霄。右前方，近年才建立的旅館矗立湖畔，打破了記憶中的湖景，卻抹滅不了太湖曾是當年散步、閒逛、躲避家裡麵包店活兒與寄託心事的私密桃源。永遠記得早晚騎車環湖，當一排排跑步的阿兵哥迎面而來時，我如何快速騎過以隱瞞心中的無措。三角亭內，夏日微風吹得人昏昏欲睡，跟家人說到太湖念書，卻幾個字也沒念下去的惶惶揮霍。躁動純真的青春裡，這片通常靜止，有時翻覆的湖水載負了許多少女的思愁。18歲離鄉的我從沒有想過，有一天會以跑步的方式環繞太湖、貼近這塊成長之地。

跑完後，我朝市區雖有變異但依然熟悉的商店街走去，很快地便見到勤奮的大姐一貫地開了店門，展開家事與生意兼顧的忙碌。

朝著對我微笑的大姐走近時，想到這片良善的土地如何孕育了我，「一切都是好的。」腦裡浮現出這一句。

＊＊＊

清晨五點多的永和，運動的人群是返臺後早上最熟悉的身影。起跑後，陽光一點一滴地將跑道上的陰涼處吞走。跑完時，大半個操場已是赤焰的陽光。悶熱

的氣溫下，人如一隻滾水裡的紅蝦，汗下如流。

離開之前，我拿出手機拍照留念。雖然可以自拍，但我決定請前方一位蹣跚的老人幫我和海奕拍照。跑圈經過時，我注意到無法從事太多活動的他，撐著四角助行器獨自站在場邊觀看。聽到詢請時，老人顯然有點訝異，看得出他對手機操作極為生疏。我教他只要按下螢幕下的圓圈即可。老人接過手機，把手臂靠在助行器上，騰出雙手，快速地連按了無數次：「你看看，不好看的話，我再拍。」我接過手機，快速地瞄過：「很好，很好。」收到母子的道謝時，老人原本僵硬的臉部線條，因為能夠幫上陌生人的忙而鬆展了一些。

一天的開始，任何人都用得上一點點地善意。

離開操場後，我和海奕去吃想念的早餐。從小規律探訪，臺北已成兒子的另一故鄉，從7-11到捷運，他對一切都充滿好奇。這一天，我們試了家人推薦的一家新店，鮮豔彩繪的牆壁旁，一桌運動後的婦女暢快地閒聊，臺灣的早晨總是如此充滿活力。

時差晏起時，我們改成傍晚時跑。運動場上打球的學子、跑步的人群、一旁遊樂場玩耍的孩童與聊天的家長，還有推著老人出來透氣的外勞群，熱鬧極了。

我們一圈圈地跑著，不遠處的鐵皮屋頂上，有一位養鴿人揮舞著一面大紅旗，暮色天空中，群鴿隨旗飛翔，由東而西，由西而東，彷彿遵守著某種訊號，有序有致。天色很快就暗了下來。

　　後來幾年，規律地隻身回臺探親的我，獨自出入於這熟悉的城市，演練中年的獨立，回味一些曾經的足跡，也一次次經歷了中年後的生死別離。

　　清晨六點的臺大操場，無遮的烈陽下，我一圈圈地跑，一次次地經過一位撐傘、戴帽、斜背可愛小包、全身長袖衣褲、白色布鞋走圈的女人，心中不免狐疑：「不熱嗎？」

　　不遠的病榻上，日漸羸弱的父親眨眨眼，認出是我。握著他溫暖的手，陪伴無語，眼看父女最後的時光一點一滴殘酷地流失，我無能為力。

　　出入病房之間，跑步幫我調適時差與壓力，給我勇氣、感受回到家的真實。初抵臺北，仲夏的太陽燄熱燙痛，離開前偶有微風徐徐，讓人提早嗅到臺北秋天最初、也最令人眷戀的涼意。最後一次的臺大運動場上，我在生命中另外兩個最親的男人陪伴之下，奮力狂奔，淚流不止；父親請放心，中年的我每個腳步都更堅定。

跑在瘟疫蔓延時

　　2020年春天，新冠病毒肆虐全球，美國疫情日趨嚴重，各州紛紛頒布居家令，基本需求之外，所有商店皆關閉，學校改成網路教學，上班族改在家工作。因為居住市郊，我們得以謹慎而持續地路跑，然而世界已變成一片異境。

　　年前從住了二十年的小鎮，搬到更郊外的另一個新英格蘭老鎮，以一片私人高爾夫球場取代之前花草樹林的後院，疫情期間，這片寬廣綠地提供了絕佳的戶外活動空間。

　　出去跑步時，冬天以來就關閉的球場全無人跡。天藍得不真實，果嶺上知更鳥開始出來啄食，溪上幾隻綠頭鴨悠悠戲水。

　　試著讓不時受到憂亂訊息干擾的內心暫歇，想到努力多日之後，先生一早終於買到半打衛生紙的笑容，想到三餐無憂無慮，無須受救濟紓困，三人和平地日夜相處，想著待會兒做點什麼新的點心……。

　　跑過近十個洞，總共只見到一對遛狗的夫妻。遠遠地一見到對方，大家便轉向，朝更遠的地方走，人類恐怕從來沒有比此時更提防著彼此。

春夏之際，疫情仍不見和緩，隨著高爾夫球場的對外開放，我改繞著附近的小學操場跑。停課的校舍外豎立著「小學、中學生免費午餐」的牌子，提供家庭每日取餐。疫情籠罩的日子越久，困頓的不只是生計，還有人的心情與心理健康。若是正常的日子，此時應該是孩子一一步下校車，與同學們嘻笑打鬧，期待著快樂暑假的到來；而現在，豔陽高照的遊樂場上無人無聲，空蕩的鞦韆似乎也略感寂寞。

天高氣爽的5月是誘人的路跑天氣，出門後，我不知不覺地跑向鄰近的大墓園。

國殤紀念日剛過，國旗遍佈，安靜的墓園裡只有一位帶著耳機駕著割草機的工人，穿行於一排排井然有序的墓碑之間，來來回回地割草。一位幫新墳前的鮮花澆水的中年男子，神色凝重。一位老婦在看似孫女的年輕女孩陪伴下，逗留於一座大理石墓碑前，我繞了幾圈之後，她們仍在原地，似乎與逝者有許多話要敘。

　　隨著夏日越濃，墓園有時悶熱黏膩，有時樹蔭綠意中微風拂面，一排排的亡魂安息在紫丁香濃郁的香氣裡。這一天，繞著墓園一圈圈跑的我，想到老跑者艾迪（Ed Whitlock），這位以全馬3小時56分33秒破85至89歲年齡紀錄的加拿大跑者，每天繞著附近的墓園長跑3小時，沒有訓練計畫，不講究裝備，一雙跑鞋跑到磨平才更換。沒有節奏跑、恢復跑、心跳偵測器那些東西，「我不是很排斥那些，只是我沒有時間去準備，你花越多時間搞這搞那的，越少時間跑步，浪費時間。我出門去跑，也不是跑太快，只是我會跑很久很久。」

　　我也一圈又一圈地跑，不急著離去，比起圍牆外的人間，這是最完美的寧靜。

　　再也沒有什麼比跑步更適合認識一個新環境了。以雙腳跑過一片嶄新的山野時，你得以與世隔絕、呼吸到大自然裡最清新的空氣、聽聞鳥語花香、享受一個人的自由自在。跑過一個新城市時，你得以循著居民每日走過的人行道，與老弱婦孺、上班族擦身而過，經過他們平日購物的商店、丟躑廢棄物的垃圾桶、停駐的候車亭，聞到從廚房飄出的大蒜香氣、地下室飄出的洗衣熱氣、得以深入觀察與感受當地人的日常生活。

　　然而，在一個全然陌生的環境裡跑步也有其危險性。近年來，單身跑者（尤其女性）迷路或被綁架、殺害等不幸事件時有所聞。有時候，出門後一個左轉右轉搞錯了方向，原本充滿興致的路程可能變成一片迷路叢林或喪命之區，因此不得不謹慎小心。

路跑的安全小提醒

- 別忘了帶手機，並確認定位系統（GPS）運作無誤。

- 帶護照或身分證影本，或將可證明身分的文件拍照存檔於手機裡。帶一張信用卡和一點現金。

- 出門前，確定家人或一起旅行的同伴知道你的路線。

- 在陌生的國家跑步時，一定要記下入住的旅館地址，學會或寫下幾句用於問路的當地用語。

- 挑標示良好的大馬路跑，避免太多轉彎或小巷道以防迷路。

- 請當地的跑步用品專門店提供本地人常跑的路線，或者請旅館櫃檯推薦附近適合跑步的公園或觀光休閒區。如果有車，可以事先繞行一下路線。

- 過馬路時將音樂關掉或至少音量調低，隨時掌握四周的交通與行人狀況，保持警覺。

- 早些出門，避免上下班通勤時擁擠的車潮與人潮。

- 如果有需要，改搭公車或叫車回旅館也沒關係。

- 若夜跑或是可能經過燈光黯淡的路線，穿上可以反射燈光的背心或上衣，戴會閃爍的頭燈或鞋燈，讓駕駛和路人更容易注意到你。

- 一般而言，朝著來車的方向跑，如此一來你和來車都比較容易看到對方。除非上坡或轉彎時，看不到來車，這時可以暫時順著車流的方向跑。

- 跑在山林裡時千萬不要逞強，避免獨行，不要太早或太晚出門，也不要跑離住家太遙遠的人煙稀少處。很多時候，對於一名落單的跑者，危險的不是大自然，而是在自然中神出鬼沒、不懷好意的人類。

- 盡量找警察、婦人、有小孩的伴侶或老者問路。

- 相信直覺，善用常識，若仍不確定路線是否安全，這時最好還是偕伴上路。

10 CHAPTER | 跑步，一段愛的旅程

　　過去十年來，女性的跑步人口大增，女性參賽的人數從1986年佔總全數的20%，激增至2018年的50%以上。最近一次的波士頓馬拉松比賽，女性參賽者甚至超過男性，跑步無疑成為最熱門的女性運動之一。

　　回顧來時路，女性運動員無疑地走過了一條辛苦而漫長的路，才爭取到今日與男性公平競爭的機會。

　　古希臘禁止女性參加奧林匹克運動會，已婚婦女不准出席觀賽，違規者甚至會被懲以死刑。即使是1896年創立的現代奧運，女性的參與度依然極受限制；一開始女性不能參加田徑比賽，直到1928年的阿姆斯特丹奧運，女性才首次被允許參加賽跑，然而因為在800公尺競賽時，有女性運動員在終點跌倒，國際奧委會判定，賽跑對女人的身體太艱難了，再度禁止女性參與，直到1960年才再度開放。（根據後來一部紀錄片顯示，當時只有一名女運動員在終點跌倒，而且她不到3.2秒就馬上站了起來。）

　　即使如此，在1960至1970年間，美國社會依舊教育女人：跑步是男人的運動。比賽時，她們總被男性運動員推擠出跑道，被觀眾投擲物品，參賽極其困難。

　　1967年，波士頓馬拉松賽場上，20歲的雪城大學新聞系學生凱薩琳・斯威哲（Katherine Switzer）打破女性不准參與一般馬拉松比賽的傳統藩籬，成為第一位正式完賽的女跑者，而她那張差點被工作人員強推出場的黑白照片，也成了馬拉松史上的經典鏡頭，強烈傳達了之前數十年之間，男性主宰體壇、輕視女性體能、限制女性參賽權的種種不平等（不僅是馬拉松，根據體育史，女性也長年被禁止參加其他各項的運動競賽）。

　　直到1984年，洛杉磯奧運會舉行了首屆女子馬拉松比賽，美國跑者瓊・貝努瓦・薩繆爾森（Joan Benoit Samuelson）勇奪金牌。謬爾森衝過終點線那一刻，美國女子的長跑歷史也從此改寫了。

　　從小與運動無緣，然而我一直深受各類運動比賽的吸引。讀書時，與家人徹夜守在電視螢幕前看NBA的實況轉播。來美後，每年守在電視前看超級盃或親至芬威球場為紅襪隊加油。奧林匹克運動賽時，更是從花式溜冰到游泳，緊守著現場與賽後轉播，競爭的刺激與參賽者的奮戰精神讓人廢寢忘食。

　　每逢4月南下佛州時，我們一家固定會出現在門外海港公園舉行的三鐵競賽場上。

　　站在場邊，我們為那些身穿泳衣、騎著掛籃小單車的3、4歲小騎士大喊「Good Job！」、「You're doing great！」。豔陽下，當泳者們一一從海水裡上岸，我沿著海岸跑，緊握著手上的相機，捕捉一張張動人的身影。當那位雙腳裝著義肢的參賽者，從水裡走出，迎向下一個挑戰，蹲在一旁草地裡的我，身體

趴得幾乎與地面同高，按下一道道快門時，心裡的感動與震撼難以言喻：是什麼樣的毅力讓他如此無畏地向前，什麼樣的決心讓他如此挑戰自己。那畫面讓人堅信，只要不放棄，意志一定能戰勝身體的侷限。

自從愛上跑步以來，我們家自然成為波士頓馬拉松的忠實觀眾，除了這個賽程是世上最悠久且極具挑戰性，當然也因我對波士頓這個城市有一份第二故鄉的感情。

許多年前的一個四月天，年輕的我獨自抵達波士頓，車行過查理斯河邊，春日晃亮，船影搖曳，初踏入這學術之城的撼動，從此揭開我從故鄉到異鄉、異鄉成為故鄉的生命旅程。

初時，我落腳於市中心邊緣的南區（south end），每天走過馬拉松終點處的Boylston去上語言學校，下課後則在一旁的大眾公園裡消磨時光。不認識任何人也無人認識的我獨坐湖畔垂柳下的長椅上，看人觀景，感受到一份從未有過的自由與獨立，對這城市的感情也一日日地深植。

2013年4月15日，一年一度的波士頓馬拉松如期舉行，數萬名來自世界各地的優秀跑者們共襄盛舉。準備啟程赴佛州度春假的我們一家，在羅根機場候機

時，突然，候機室裡電視螢幕播出特報，Boylston街上離終點不遠處，兩枚炸彈爆炸，當場炸死了3人，數百名選手和觀眾受了傷，其中有17人斷肢。混亂的現場，驚叫聲中群眾奔竄，大家都擔心著有更多炸彈埋藏在不知名處，隨時可能爆炸。震驚中，我們立即想到一位每年固定到場觀賽的前同事，安危未卜。完全無法想像，跑步如此平和的運動，竟會成為恐怖份子的犯罪現場。

這場爆炸案導致260名以上的人傷亡，但隔年，波馬無畏陰影如期舉行。起點的紀念儀式上，許多失去親人和肢體的民眾與參賽者聚集，感懷死傷的同時，更堅定了波馬不輕言放棄的百年精神。這一年，老將梅伯・科菲斯基（Meb Keflezighi）奪得男子冠軍，成為31年來第一位贏此賽程的美國跑者。

2016年，凱薩琳・斯威哲帶領50名女跑者重回波士頓馬拉松，主辦單位並永久保留她的號碼＃261，以紀念女性運動員不放棄爭取公平競賽的精神。無疑地，今天女性跑者能有公平開放的競爭機會，是無數前輩奮爭而來的。

除了重返波馬的凱薩琳・斯威哲，這一年我關注的跑者還包括：德西蕾・林登（Desiree Linden）與喬登哈賽（Jordan Hasay）等美國年輕菁英、常勝軍輪椅參賽者塔緹娜・麥克法登、以及即將從跑壇退休的梅伯。這是這位41歲老將的最後一場波馬賽（該年年底的紐約馬拉松為他的生涯正式劃下句點）。

多年來，梅伯以親切正面的運動精神贏得無數粉絲的心。2015年的波馬，拼了26.2英里，梅伯以第8名之姿奔入終點前，高舉起旁邊菁英女跑者希拉蕾・迪歐尼（Hilary Dionne）的手，微笑著一起衝入終點。該年8月，梅伯以2小時16分44秒跑完奧運馬拉松，賽程下半他因為肚子痛而被迫停下七次，抵達終點前還不慎跌到，最後他乾脆以伏地挺身幽默完賽，贏得全場喝采。

運動精神的表現永遠不只是在輸贏上，還有運動員面對艱難挑戰時所展現的非凡毅力、之間相互無私的鼓勵與協助，以及因為運動而展現的深刻人性。

每年的波士頓馬拉松總讓我想起老鄰居吉姆。

從銀行退休下來的吉姆在家裡待不住，每天好幾回，常常會看到他開著那部紅色迷你福斯汽車進進出出。不去仍掛名顧問的銀行兜逛時，吉姆就牽著那隻老婆要養、他根本沒興趣的捲毛狗出來散步。那隻叫Roxy的小狗終日吠叫，街坊鄰里人見人嫌，別說走近吉姆家，光是老遠經過，那狗都要不停地抓爬著大門，

狂吠不止，且隨著路人的移動，從大門內狂叫到窗口，你繞個頭回來，牠又出現窗邊瘋狂地追逐吠鳴。吉姆每天帶Roxy出來散步，「消耗體力，看牠會不會安靜一點。」聽起來有點無奈。

然而，對Roxy的印象無礙鄰居們對吉姆的喜愛，而且大家都知道這老人特別喜歡小孩，很多時候他停車，只是為了逗逗庭院裡玩耍或打球的孩童們，倒不是那麼在乎跟父母打招呼套感情。有一年感恩節，一群孩子到他家門口按鈴要了糖後，他將海奕喚回，半掩著門，塞給他一大袋棒棒糖：整整一百顆！「一天一顆，別搞得要看牙醫，你媽要罵我的。」久久前聽兒子說過最愛棒棒糖，老先生一直記在心裡。

打從開始跑步，繞著鄰里社區慢跑時，只要一遇到吉姆，他總是把車喇叭按得大響，搖下車窗，正色地問：「什麼時候要去跑波士頓馬拉松啊！？」他一定沒看我爬坡如牛，5000公尺跑得一副快沒命的樣子。

剛開始，我總認真地搖頭：「我？不可能啦，」後來發現，這位外表不苟言笑的老酷哥其實只是逗人，我便改口：「快了，快了，到時別忘了來幫我加油喔！」

波士頓馬拉松持續成為吉姆和我之間的玩笑話，那輛紅色小車與它的主人成為我最初的拉拉隊，一見他們的身影，我總不自覺地揮動雙臂，跑得更起勁。

轉眼幾年過去，我越跑越遠，鄰里也越來越多老人搬走了，或是到氣候溫暖的南方，或改住無須照顧庭院的公寓。有一天，吉姆如常停下車，搖下窗說他搬家了，因為年紀大了，他們夫婦決定搬去有電梯的公寓。「我們會想念你。」我說。「我也會想念你們，要去跑波馬時記得通知我，知道嗎？」老先生說，揮揮手，瀟灑地按一聲喇叭，很快便消失在轉角處。

此後我再也沒有見過吉姆，但每當一圈圈地繞著社區跑時，總會想起他的紅色金龜車，彷彿聽見他的聲音：「什麼時候要去跑波馬啊？」

除吉姆之外，身旁兩位女性友人也讓我見識了她們對運動的熱情。

如來自委內瑞拉的艾瑪在我們常去的一家餐廳做調酒師。矮碩的身材，深黝的皮膚，兩個孩子媽的她，一週有六個晚上得工作到午夜，協助餐廳打烊，白天一有空就健身和練跑。馬拉松之外，艾瑪還熱衷於各種終極的障礙賽，像是那

種連續兩、三天在泥巴、柵欄、輪胎之間攀爬後，接著一場數十英里的山嶺越野跑。一聽説我也跑步後，艾瑪見面時一定高喊我甜心，送上大擁抱。幾度一起參加半馬賽，40多歲的艾瑪1小時40幾分的成績讓人又讚又服。夜晚的吧檯前，我們聊賽事，聊受傷，有時聊到先生與孩子，但很快話題又轉回：「接下來要去跑哪一場？」語氣興奮，眼神發亮，如旁若無人，而同時，艾瑪雙手熟練飛舞，調酒不停。

見到先生的同事丹之前，我已久聞這女子各種戶外軼事：不管新英格蘭嚴冬多烈，終年騎車上下班，一放假就隻身展開數百里的穿山越嶺長騎，平日兼差當飛輪教練，登山、野外露營、滑雪等等，無所不迷。

第一次見到丹本人是在臨波士頓港灣的一家小餐館，一坐定，原本預期看到一個精壯中年女子的我，馬上被眼前這女子的優雅俐落給攝住了。剛下班的丹身穿一件綠色無袖緊身套裝，身材緊致，古銅透光的膚色，削得極短的短髮，傾身聆聽時全神貫注。

談笑間，在座的朋友們哄鬧要丹給我看她的「戰績」。丹微笑著伸出左腿，微拉裙角，頓時，她那縫線歷歷的膝蓋盡現眼前。多年激烈戶外活動下來，丹的雙膝都換新，加上其他運動傷害，前後竟進行過九次腿的手術。對於傷害，丹輕描淡寫，當話題一轉，聊到她長遠以來的夢想：搬到科羅拉多山上去定居，「想像一下，一下班就可以去滑雪，夏天時，有無邊無際的山嶺可以騎車，啊！」這位年屆半百的單身女子難掩興奮的語氣，眼神溫柔雀躍彷彿少女，戶外活動的迷人之處在這位美國女子身上顯露無遺。成長於傳統家庭與教育下的我有時難免自問：「若一個人生活，我可以活得像丹一般獨立自主且如此精神奕奕嗎？」

不論是吉姆可愛的信心、艾瑪與丹的投入、所見所聞中無數傑出運動員的毅力與歷練，都引導著我的意志與腳步；而練跑和參賽時，那些義務提供協助和鼓勵的陌生人，更讓我深深感受身為一名跑者的殊榮與幸運。

出門時，每逢路上有修路或修電纜工程，監管交通的警員總會擋下車流，讓路跑者先行。四方駕駛與乘客的注視下，我總不覺地抬頭挺胸，擠出一副堅決的表情，對交警出聲道謝的同時，加緊腳步穿越。

每一場賽事的舉辦都必須集結眾多人力與資源：主辦的工作人員、待命的

　　醫療人員、維持交通的警察、協助補水和賽後清掃遍地紙杯的義工……，因為他們，參賽者們才能無憂地前進，追逐夢想。而沿途上，為參賽者加油的民眾或攜家帶眷聚在前院鼓掌歡呼，或擺出大喇叭播放振奮人心的音樂，慷慨而熱情。經過時，一見到搖晃著鐵鈴、舉著加油海報或伸出手的孩子們，我從不錯過和他們短暫接觸的機會。兩手短暫飛快輕擊的一剎那，那小手的溫暖，總如一股熱流穿過心中。除此，對每個擦身而過時對我舉起大拇指的陌生人，或在終點前說一聲：「快到了，終點就在轉角處。」的領先參賽者（即使後來發現，他們說的轉角其實還有半英里），不管再怎麼精疲力竭，我總提醒自己不忘示意或道謝。他們或許只是舉手之勞，但對於跑者，每一個讚美，每一句不吝的鼓勵都如清流注入酷熱的身體，提振了艱困的呼吸與腳步，鼓舞了一個疲憊不堪、滿腦子只想放棄的人。

　　所有的鼓勵與協助之中，尤屬身旁的另一半最是情深義重。

　　夏天的佛蒙特，有一天，一聽到我預計跑14英里（22公里），C馬上從落腳的偏僻鄉間開車進附近的小鎮，去幫我找能量膠。若買得到，我們約定在他回程的公路上碰面，讓我把兩小包帶在身上，好在5英里和10英里處補充體力。

　　清晨起伏的公路上，行車與單車騎士之外，路上只有我一人跑著。約3英里處，果然見到C從前方駛來。他停車，將能量膠交給我，囑我一路小心。我繼續往前行，直到進了鎮中心，達7英里後折回。

　　跑過13英里，經過住處前的民宿時，C從身後快追而上，遞上水瓶。暫停腕錶上的紀錄，喝下瓶裡冰涼的椰子水，我繼續前進。當我終於跑完全程，朝住處走時，前方一棵大樹下已擺好：一瓶水、一瓶高蛋白質運動飲料、一瓶蘋果汁和一條香蕉，豐盛的補給品完全顯現C的用心；且不提，跑前他不但提醒我跑衣穿反了，為了幫我儘早起跑，還代我去車裡拿忘了的跑鞋，進門時朗聲：「天氣好極了，再也找不到這麼完美的路跑天氣！」

　　這幾年下來，C成為了我的教練、跑友、啦啦隊、駕駛、攝影、緊急聯絡人、最佳前備與後援。為了我這項中年才培養的興趣，他得犧牲難得的週末睡眠與休息，陪我遠征參賽。他幫我準備跑步手錶、跑鞋、跑帽、跑襪、手壺、歌單……一切凡是能想到的、讓跑步更方便的用品。一度是學校高中短跑紀錄保持人的他，不時跟我交換跑步、營養補給、用品與各種受用的相關資訊。賽前他幫我檢查耳機與手錶是否充足電，和同事聊到時，不忘問她們的全馬比賽經驗，回家後跟我分享。受傷時，他力勸我去做復健。從第一年，「妳可以跑5K就可以

跑10K」到「妳可以跑8英里就可以跑10英里，」他不斷地鼓勵我去拋開傳統舊習和舊包袱，去拓展自己的極限。

剛開始幾年，我的每一場比賽C一定在起點為我加油，在終點迎接我。後來，熟門熟路的我不願麻煩他早起，堅持一個人上路，但每每在中途，總會出其不意地看到他出現路旁。研究過路線、計算好時間後，他一路尋找我的身影。驚喜相遇時，他迅速地給我一個吻，一個讚，「go go！」促我向前。置身於陌生的參賽者與跑場的我精神立振，頓覺有了重心，因為知道終點有他在等我。

這個男人是我最積極勤奮的伴侶，最強而有力的磐石，最貼心的呵護，因為他，我得以毫無後顧之憂地追求各種目標與夢想。有他在身旁，我只要，跑就是了。

隨著海奕越跑越認真，過去這幾年，我也成了他的校隊最忠實的啦啦隊隊員，從不錯過任何一場校內比賽，只要時間上能配合，即使是需要開車上遠途的跨校聯賽，我也一定準時到場。

身穿藍色短袖隊服的孩子們全神貫注地在起跑線前就位，教練一一點名後，一個個俊逸的身影如箭般射出，新英格蘭深秋的寒冷裡，他們得跑過烈陽、狂風與霜雨，跨過山嶺、水潭或樹林，有幾場比賽甚至是選在綿延山坡上的廣大蘋果園，在藍天豔陽下，一排排結實累累的果樹旁，孩子們奮力奔跑，塵土飛揚。

喉嚨乾啞，手心微疼，我為孩子們嘶喊加油。遠遠地，有人在崎嶇山路上摔倒，有人在撲向終點後忍不住嘔吐起來。不論天候或場地，一見海奕接近終點，我立刻迎向前去，看著他衝向終點，全力猛撲，不慎跌倒，站起身。看著他，不論狀況或成績，跑前與跑完一定與隊友握手，互相加油，互相道賀，訓練結束時不忘向教練致意。

隨著海奕的成長，生性羞怯的我成為競賽場上那個熱情的媽媽。每場路跑賽，當兒子跑進終點時，我陪跑衝刺。當他上臺領獎時，我鼓掌歡呼，不掩緊張與驕傲。眼看一個男孩子從純稚幼童，蛻變成一個俊秀堅毅的少年，我的淚，總不知不覺地盈了眶。

對於身旁那個跑步的人，你可以這樣地支持與鼓勵

- 長跑日，陪他／她（不分性別，以下皆同）跑個幾公里後，先回家準備餐點，讓對方回到家就有營養的早／午餐吃，這樣的舉動肯定會贏得那筋疲力盡的人大大的感激。

- 討論分工合作，尤其是有小孩的跑者。幫忙照顧小孩，做家事，把他長跑那天當作你和小孩的優質時間，讓他去練跑時無後顧之憂。

- 他剛跑回來，氣殆力竭時，與其：「跑了多遠？」「速度如何？」等問一堆問題，不如先給他一個Hi Five，或一句：「你好棒！」讓他先喘氣休息後再說。

- 平時，關心他的訓練進度和狀況，你不一定了解他為什麼要訓練得那麼累，但跑步是一項寂寞的活動，有時，有人感興趣和傾聽正是他所需要的。

- 不要：「你怎麼曬得那麼黑！」「那個誰誰誰跑多快。」或許是無心，但跑步很辛苦，聽到這些話還是難免會受到打擊。改以「真佩服你堅持的耐心與毅力」或「你氣色真好」等給予正面的肯定，一定會讓跑步的家人或親友更覺窩心。或者，單純地拍拍對方的肩膀，給一個讚賞的笑臉或眼神，傳達你的善意與肯定。

- 如果家人需要早起去參賽，或週末計畫早起出門長跑，尊重他，不要拖著他看長片或滯外熬夜，讓他得在陪你和追求自己的興趣目標之間掙扎。

- 幫他準備賽後補給品，一瓶水，甚至於一瓶巧克力牛奶，都有如即時雨。

- 事先查過比賽路線，等在路旁加油。對於任何參賽者而言，奮戰中乍見一張熟悉而親愛的面孔，永遠有如注入強心劑。

- 賽前用語音留言一段加油打氣的話，中途傳一個愛或鼓勵的簡訊。

- 送對方他捨不得投資的跑步用品。

- 幫他按摩腳、腿，或準備冰澡。

- 讓他知道，你以他為傲。

- 陪他一起慶祝。

後記

　　2020年初之後，受到嚴重的疫情影響，戶外運動時人們也都紛紛戴上口罩，忍受口鼻濕悶如三溫暖、呼吸受困的挑戰，美國各地大多的運動比賽包括路跑賽都被迫取消或改成自主跑。

　　這一年暑假，16歲的海奕開始打工，並展開九個星期的越野跑暑訓。一週五天，送他到附近一所職校操場展開兩個小時的訓練時，我把車停在學校的停車場，跟著孩子們沿校後鄰河的泥土小徑，或環繞附近的街道而跑。

　　一個夏天訓練下來，更黝黑結實的母子倆決定參加一場自主半馬賽，驗收訓練成果，為暑訓劃下句點。

　　自選場地時，海奕和我決定回到當年起步的湖邊，繞著一圈長5000公尺的湖跑四圈，這是海奕第一場計時的半馬賽程，我的第十七場。

　　10月初，一個濃霧的早晨，C開車送我們到湖邊，快跑一圈後便擔任我們的補給和啦啦隊。我起跑後，海奕隨後跟上。清晨的湖邊如常可見散步、散狗的民眾和推車的父母，不同的是，大家都載著口罩且盡量保持距離。

　　沒有觀眾也沒有其他競爭對手的母子倆一路跟自己比，自我鼓勵，路上相遇時不忘互相擊掌，奮力前進，海奕尤其全力以赴，最終以1小時34分31秒（約4.29／公里均速）寫下佳績。

　　第一次的經驗彌足珍貴，我幫兒子準備了一張自製的終點拉條和一個寫著「第一」的迷你南瓜當

做紀念。鼓勵、支持、以身作則、耐心且有信心地等他準備好、歡呼、擁抱、比孩子還興奮地投入，除此；這些年我還跟先生學到：不管從事什麼活動，就算再精疲力竭也要加上一點點樂趣。

兩週後，偶然讀到，隔壁的新罕布夏州有個路跑主辦單位持續籌辦著各種現場與線上兼具的賽程，仔細查閱後，發現這個已有十四年經驗的組織，今年更用心且小心地規劃賽程，採取的安全措施極其嚴謹。反覆考量之後，海奕和我決定參加其中的一場半馬接力賽。

報名時，平日充滿神思妙想的海奕將我們的母子隊取為「傻氣的蠑螈」（Silly Salamanders）。

曼徹斯特是個上下坡起伏很大的城市，半馬場最陡處爬升至海平面上約400英尺。為了避免到時跑得痛苦不堪，我開始將坡度加入每一次的訓練裡。幸好，除非特意開闢的公共活動場所，新英格蘭的鄉鎮遍地高低起伏，從不缺挑戰的跑場。

比賽當日，我們仨一早抵達曼徹斯特市中心的賽場。疫情雖籠罩，千名認真訓練的全馬和半馬跑者聚集一堂，現場的氣氛低調而輕鬆。悶鬱漫長的疫情期間、大多賽事都被迫取消時，得以有一場安全而完善的比賽可以參與，大家都樂於遵守各種規定：從報到、暖身到候跑區，賽著必須全程戴著口罩與保持距離，直到起跑時才可拿下口罩。起跑前，跑者按照報名時填寫的個人速度分組等候。起跑線上每次只准許兩名跑者，每組之間隔十秒才能上路。

慎密分隔之下，整場賽事整整延長了數小時，但疏離的空間提供了跑者絕大的安全度。負責跑第一棒的我，聽到唱名後，和一位年輕女孩一起站在起跑線就緒，鳴槍一響，跨步起跑。

週日清晨的街道人煙稀少，在車流管制下，參賽者一路暢行無礙，起起伏伏，幾無平地的城市，只有站在路旁加油的疏落民眾，以及不同時段起跑後，開始折回的跑者。攀上最後一座陡坡後，我終於見到4.8英里（約7.73公里）的交棒處，海奕遠遠地對著我猛招手，蓄勢待發。一奔到單腿蹲在地上的兒子旁，我迅速地把腳踝上的號碼條換到他腿上，「have a good run」一如往常地，我拍著他的肩喊道。海奕拔腿往前，很快便消失在前方的轉角處，接著跑完接下來的

8.3英里（約13.36公里）。

　　我和C會合後一起找到起跑線旁一間咖啡店。工作忙碌的他犧牲了週日，一大早起床當我們的司機、攝影師和啦啦隊。原本想先吃早餐的我們，決定還是等海奕跑完再一起慶祝。買了咖啡後，兩人回到終點等，不料，不久就看到兒子遠遠地跑來，我一看時間，距離他起跑還不到一個小時。狂喜中，我趨前迎接。母子攜手，拔腿狂奔，衝破終點。

　　成績很快出爐，一得知我們以1小時42分25秒拿下這場接力賽的冠軍，我抱著兒子尖叫了起來。我以個人最佳的45分跑完第一棒，海奕以57分鐘跑完8.3英里（6：55／英里、4：17／公里均速），成為我們贏賽的最大功臣。

　　一週後，鎮上報社的一位體育記者傳來簡訊：「聽說你們在曼徹斯特半馬接力賽大贏，我想報導你們的故事。」他給海奕和我各傳了十個問題，請我們做答。

　　不久，一則「母子把對跑步的熱情化為勝利」的標題下，全版特寫著我如何從一個跳不高、跑不遠的小島女生，變成一個中年的跑步愛好者，如何鼓勵海奕一起跑步，他在校隊的表現，長跑幫他減壓，以及我們在疫情裡決定參賽和贏賽的詳細過程。

　　報導刊出後，郵箱裡先後出現鄰居們寄來的簡報以及道賀的字條。坡底的曼庫索太太寫道：「親愛的海奕，恭喜你和媽媽得到半馬接力賽冠軍，多麼令人興奮的一天啊……。」隔壁的老太太康妮：「我跟我先生說，不管天氣如何，總會看到這對母子出門跑步，真是教人佩服。我們很以你們為傲。」

　　從一個害怕上體育課的女生，到因為跑步而上新聞，人生，真是太奇妙了。攤開剪報再讀一遍，報導最後引述我的一段話，歸結我對和兒子這些年來一起跑步的心聲：「跟孩子一起跑步讓我們更親近，和海奕牽手狂奔、衝過終點那一刻，是我最珍貴的母子經驗與最美好的回憶之一。」

andovertownsman.com

THE TOWNSMAN Thursday, December 3, 2020 11

Sports

SPEEDY 'SALAMANDERS'

Andover mother-son duo turn shared passion into half-marathon gold

By David Willis
Staff Writer

Courtesy Photo

Andover's Chiuying Lu, middle, is all business before running the first leg of the two-person relay at the 2020 Manchester City Half Marathon.

For Andover's Isaac Heitmann, running is a true passion, a sanctuary from an increasingly complicated world.

"Long distance running does a lot to clear my head," said the Phillips Academy junior. "The constant breathing, combined with a shift in mental focus often takes my mind away from the challenges I'm facing."

For his mother, Chiuying Lu, growing up in Taiwan, running — and just anything athletic — was something she did her best to avoid.

"I was terrible at sports growing up," said Lu. "I couldn't jump high or run fast. In gym class, I always kicked over the hurdles. Now, nothing is better than sharing your passion with your child."

Together, the mother and son delivered a gold medal effort earlier this month.

The duo — running under their nickname the "Silly Salamanders" — won the 2020 CMC Manchester (N.H.) City Half Marathon two-person co-ed relay with a combined time of 1:42:25.8 on Nov. 8.

The Manchester Marathon was one of the few marathons to be run in person, not virtually.

"There definitely was some worry about contracting the coronavirus, since so many people were participating in the actual race," said Heitmann. "But the race organizers did a terrific job. We heard that the race would have a lot of elite runners participating, so the win was definitely an unexpected victory."

Lu was quick to credit her son for the win.

"Running the second leg with excellent efforts and speed (6:55 per mile for 8.3 miles), Isaac made our winning possible. I'm a proud mom!" she said.

ROUTES TO RUNNING

Growing up on an island off the coast of Taiwan, sports were rarely a part of Lu's life.

"I never had a chance to learn to swim until very recently because my island was once a war zone," she said. "There were land mines buried on the beaches to prevent any foreign army's invasion."

As an adult, Lu became a reporter for various media outlets in Taiwan, a career that led her to America.

"I came to Boston to pursue my graduate degree at Emerson College in my late 20s," she said. "During the first month of the first semester, I met my husband Chris and my whole life changed."

After welcoming Isaac, chasing after her young child led Lu into running.

"About seven years ago, during walks around Lake Quannapowitt (in Wakefield), my husband and I decided to pick up our pace to catch up to Isaac on his bike," she remembered. "The first couple of months I was awfully slow and had to walk most of the time. Eventually I was able to finish running the whole lake. A few months later, I ran a 10K race at Ipswich."

Lu's newfound love sparked the same passion in her son.

"I've been running ever since sixth grade, and my mom was the one who inspired all of it," said Heitmann, who runs track and cross country at Phillips Academy. "I remember I was sedentary as a kid, before my mom inspired me."

VICTORY IN MANCHESTER

Both mother and son thought long and hard before deciding to run in Manchester.

"We took a long time to evaluate and decide if we wanted to participate," said Lu. "Most of my family and friends still live in Taiwan, which had one of the fastest and most effective responses to COVID-19 in the entire world. I've learned how important masks and distancing are. We strongly felt that (Manchester) would be safe."

The win, however, became a very pleasant surprise.

"I pretty much had no idea we could win, and I don't think mom did either," said Heitmann, who ran the second leg. "That was probably the reason why taking first place was so exciting. It definitely means a lot that we did this together."

The time of 1:42.25.8 for the "Salamanders" was well ahead of No. 2 (1:45.07.6).

"The relay was the first time Isaac and I have ever won a race together so I was jumping up and down screaming," said Lu. "It means so much to me to run with my son, and the opportunity to run as a team was one of the best experiences I've ever had."

TWITTER: @DWillisET

Courtesy Photo

Andover's Chiuying Lu and her son Isaac Heitmann pose after winning the 2020 Manchester City Half Marathon two-person relay earlier this month. Heitmann is a junior at Phillips Academy, while Lu is an amateur runner.

PHILLIPS STANDOUT

Isaac Heitmann was off to a strong start to his career at Phillips Academy, prior to COVID-19 shutting down sports.

As a sophomore in indoor track, he ran a 2:58.59 in the 1,000, a 5,04.46 in the mile and a 4:55.81 in the 1,500. In cross country, he ran a 18:34 for ninth at the 2019 NEPSAC Division 1 championship.

The family moved from Lynnfield to Andover during his sophomore year to be closer to Phillips.

就寢前，再查一次隔天的天氣，將要穿的衣褲和襪子擺在床頭，帽子、外套、水和能量膠裝進背袋，確定手錶、手機和耳機都充著電後，我設定鬧鐘，上床。

幾年來，這已成了我每一場路跑賽前的準備儀式，不變的步驟給人一份熟悉與安心。

隔天清晨，五點不到我就醒了。公寓的小廚房裡，我開始做早餐，煮咖啡，喝水。

出門時，天仍未亮，馬路空蕩無人，陰暗的高速公路上，車燈與路燈閃爍為伴，每個駕駛似乎都身負著某種特別任務，朝海角天涯而去。穿過直聳入天的跨海大橋後，我繼續朝佛州西岸美麗的Fort De Soto沙灘駛去。

今天前赴的這場「三葉草半馬賽」每年3月為了慶祝「聖派翠克節」（St. Patrick's Day）而舉辦，去年因疫情而取消，已報名的賽者自然延賽至今，只限制3百人參賽。三葉草是愛爾蘭的國花，綠色是這個節日的傳統代表色，目的在於不引起穿綠衣、一見到人就掐的聖派翠克精靈注意。自然地，現場從跑衣、號碼牌到獎牌，一片綠意。

起跑線後大家戴著口罩、按照個人速度隔距就緒。放眼而去大多是年輕人，願意清晨5點起床、開長途車程參賽需要一股對路跑獨具的熱力。

活動負責人是留著落腮鬍的大個子克里斯多佛，過去幾年來幾次email往來，以及賽前幾乎每個禮拜收到他的新訊息，重複提醒安全規則，可以感受老先生辦活動的盡心盡力。4人一組，每組間隔5秒，起跑線前他親自維持順序，一一送跑者起步。我素來喜歡小規模的賽程：氣氛通常低調而親切，速戰速決，不花俏，大家就是為了跑步而跑步。

天色漸亮了，沿著看不到盡頭的棕櫚與沙石步道，從海的一角跑到另一角再折回，佛州少見的攝氏13度冷天，天空寬闊但陰雲低沈，海風狂吹，波浪起舞。

人算永遠不如天算，起跑後不到一英里，因事先不知充電器故障，手錶在夜裡沒充好電，陣亡了。這麼多年以來，第一次，沒有音樂，不知道速度或時間，完全憑據對體力與腳步的感覺，跑在一種奇妙的抽空狀態中。13英里不陌生但依然非常漫長，半程之後，我以千百個倒數取代腦中的無序對話，專一而單純地往前邁進，一步一步，耐性與毅力，如此而已。

這是一場沒有終點計時牌的比賽，在我之前跨過終點的健美婦人看了手錶說，她跑了2小時12分多，最後半英里我倆呈拉鋸，最終她還是領先。「我們都很棒！」她對我舉起兩隻大拇指，燦爛地笑，魚尾紋旁碧藍的雙眼亮麗迷人。是的，我們這把年紀了還能這樣地跑，真的很棒。

後來，主辦單位根據號碼條感應，在網站上公布了成績。對應照片和編號後，我發現這位漂亮女士勇奪了女性60歲組第一名，偶像無疑。而全程憑感覺跑的我則以2小時13分37秒得到女性分齡第二名。這場總冠軍是一位同樣來自波士頓的24歲跑者：1小時8秒16分！！

照片提供：Florida Road Races

＊　＊　＊

轉眼間，正式跑步已九年多。

回顧來時路，完全沒有想到會跑這麼久，這麼遠。

無疑地，九年以來，我很多方面都改變了：體能、體態、生活方式、生命態度之外，連出門時打包的行李也不同了。

曾經，鬆垮的肌肉，虛弱的雙腿，一跑就上氣不接下氣；現在，肌肉結實，腳步健朗。因為體力、彈性與平衡力都更好，每天吸收足夠的日照和營養，心情平穩，輕鬆入眠且一夜好眠。曾經，那個憂鬱的假文青、寂寞的移民，已被一個積極開朗、越活越有滋味的中年人代替。

九年以來，跑步成為日常不可或缺的運動，長年的風吹日曬下，我變得更黝黑；洗衣機裡，

待洗的運動衣物比平常的多；開車經過路跑者時，馬上猜想他／她的速度；踏出門後，每英里的點在那哪兒，一清二楚；計畫渡假時，一聽到旅館內有健身房或附近有可以跑步的地方就特別興奮；一抵終點，很快就計畫著報名下一場……，不知不覺我已上了跑步的癮。

跑步改變了我的身心，也讓我進入一個全新的生活領域。由一名單純的觀眾蛻變成親自下場的賽者、歡呼的母親，切身體會做為一名跑者的苦樂之外，我更容易為冰上芭蕾選手炫目旋轉後慘摔而嘆息，為孩子在衝過終點後撲倒跌破膝蓋而揪心驚呼。我對極限運動員充滿讚嘆佩服，從日復一日訓練不輟的專業或業餘運動員身上得到鼓舞。不論一位跑者當初起步的動機──因為興趣或為了改變身材、療癒情緒或情傷，或是為了追求一個更好的自己，我從他們的故事裡獲得啟示，更從每一位為我加油與提供協助的人身上，領略到珍貴的人情之美。

縱使，那些不懷好意的負面小惡魔依然潛伏在個性裡，焦慮與自我懷疑依然隱現，我持續鍛鍊著心志與體能，珍惜能跑的每一步，繼續學習跑得更久、更適合自己的技巧與經驗。同時，我也提醒自己保持一顆柔軟謙遜的心，隨時不忘感謝：乾淨的飲水、20度的晴空、能跑的腿、流汗的自己，以及一路上受到的所有協助與照顧。

跑過一天又一天，一年又一年，挫折與歡愉，挑戰與成長，這一路的豐盈收穫，遠超過當年跨出第一步時所能想像與期望；這一切，全因為跑步。

01
附錄

一個跑者的私房歌單

　　平日練跑的郊區，人稀曠靜，路跑時，我習慣載上耳機，一邊跑一邊聽音樂，熱門的節奏與振奮人心的歌詞，讓人不知不覺跑得更帶勁。

　　選擇適合自己的跑步音樂説起來容易，收集起來需要時間和功夫，節奏若太快，雖然很刺激，但一聽容易衝得太快或追趕乏力；而曲風若太慢，抒情宜人，卻不足以鼓舞精神，腳步也隨之放慢了。

　　剛開始跑步時，我和先生鍾愛莫札特的小提琴協奏曲，尤其是安娜－蘇菲‧穆特（Anne-Sophie Mutter）和倫敦愛樂管絃樂團合作的第一號和第五號的第一樂章。那時我們的跑距不遠，速度也不快，這兩個快版活潑流暢，尤其是沿海迎風而跑時，腳步與心情很快地隨之飛揚。

　　之後，我開始拿海奕的歌單來聽。兒子熱愛流行和另類搖滾，因此，學生時代玩樂團的先生除了以豐富的音樂背景，介紹給兒子他自己最愛的7、80年代經典搖滾之外，並用心找出現今排行榜上最流行的音樂，花了很多時間過濾掉暴力和色情等不適合兒子年紀的內容，為他下載收集了近百首歌，並隨著流行和兒子的偏好而不時更新。

　　眼見我對跑步越來越認真，也越跑越遠，先生另外收集了許多節拍強烈的動感歌曲，並混合較慢但感染力仍強的曲子，在需要減緩速度時聽。這些曲子大多

是目前美國流行榜上最熱門的音樂，除了OneRepublic 、Green Day和Train等流行搖滾團體，其中有不少黑人或西班牙裔歌手的創作，曲風從舞曲、饒舌、雷鬼到另類，歌詞不乏大膽開放的內容，充分呈現這個世代美國流行音樂的趨勢，聽著聽著，我對它們有份前所未見的熟悉度，也可能是離開臺北影劇圈以來，最貼近西方熱門音樂的經驗；唯一的麻煩是，現在收音機一播這些曲子，我們全家馬上反應：「Again（又來了），這首歌好老（其實也不過在榜上幾個月，但當你重複不斷地聽，再怎麼新的歌都顯得老了。）」長時間下來，如同許多共享的笑話與故事，這些歌也成為我們三人之間的私密語言之一，聽到都喜歡的旋律不免一起跟著打節拍哼唱，交換會心的微笑。

　　C的協助加上我自己的收集，我挑出下面這份喜愛的跑步歌單，總共有50首，超過兩小時，極適合半馬的跑程。當然你也可以加入自己的歌，不管是Jolin的「Ugly Beauty」或OSN的「Without You」，甚至李宗盛的「跟自己賽跑的人」，隨心所欲，只要確定即使是比較抒情的也能引起你的共鳴、震動你的心與腳步，最好的是一聽就能讓人細胞為之跳動，想跳起舞，或者穿上球鞋，開懷奔去。

Playlist				⇄　⤨　ᴪ
1	♡	❚❚	**Best Day of My Life**	by American Authors
2	♡	▶	**Me and My Broken Heart**	by Rixton
3	♡	▶	**Sing**	by Ed Sheeran
4	♡	▶	**Ain't It Fun**	by Paramore
5	♡	▶	**Counting Stars**	by OneRepublic
6	♡	▶	**Bailando** (English Version)	by Enrique Iglesias
7	♡	▶	**All of Me**	by John Legend
8	♡	▶	**Summer**	by Calvin Harris
9	♡	▶	**Pompeii**	by Bastille
10	♡	▶	**Boom Clap**	by Charli XCX
11	♡	▶	**Love Runs Out**	by OneRepublic
12	♡	▶	**This is How We Do**	by Katy Perry
13	♡	▶	**Rude**	by Magic!
14	♡	▶	**All About That Bass**	by Meghan Trainor
15	♡	▶	**Classic**	by MKTO

16	♡	▶	**Feel This Moment** (feat. Christina Aguilera) | by Pitbull
17	♡	▶	**Timber** (feat. Ke$Ha) | by Pitbull
18	♡	▶	**I Need Your Love** (feat. Ellie Goulding) | by Calvin Harris
19	♡	▶	**I Cry** | by Flo Rida
20	♡	▶	**Good Feeling** | by Flo Rida
21	♡	▶	**Can't Hold Us** (feat. Ray Dalton) | by Macklemore & Ryan Lewis
22	♡	▶	**Bom Bom** | by Sam and the Wimp
23	♡	▶	**Fireflies** | by Owl City
24	♡	▶	**Wild Ones** (feat. Sia) | by Flo Rida
25	♡	▶	**Dynamite** | by Taio Cruz
26	♡	▶	**Moves Like Jagger** | by Maroon 5
27	♡	▶	**Butterfly** | by Crazy Town
28	♡	▶	**All the Right Moves** | by OneRepublic
29	♡	▶	**Geek Stink Breath** | by Green Day
30	♡	▶	**Welcome to Paradise** | by Green Day
31	♡	▶	**Thrift Shop** (feat. Wanz) | by Macklemore & Ryan Lewis
32	♡	▶	**Emotional Rescue** | by Freedom Dub
33	♡	▶	**The Girl** | by Maxi Priest
34	♡	▶	**Mambo Swing** | by Big Bad Voodoo Daddy
35	♡	▶	**50 Ways to Say Good bye** | by Train
36	♡	▶	**I Gotta Feeling** | by The Black Eyed Peas
37	♡	▶	**Tamacun** | by Rodrigo & Gabriela
38	♡	▶	**Inside Out** | by Eve 6
39	♡	▶	**Into the Night** (feat. Chad Kroeger) | by Sanata
40	♡	▶	**Va Va Voom** | by Nicki Minaj
41	♡	▶	**Señorita** | by Shawn Mendes & Camila Cabello
42	♡	▶	**Sugar** | by Marron 5
43	♡	▶	**Hey, Soul Sister** | by Train
44	♡	▶	**Right Round** | by Flo Rida
45	♡	▶	**Shape of You** | by Ed Sheeran
46	♡	▶	**Shut up and Dance** | by Walk The Moon
47	♡	▶	**Fireball** (Feat. John Ryan) | by Pitbull
48	♡	▶	**Locked Out of Heaven** | by Bruno Mars
49	♡	▶	**What Makes You Beautiful** | by One Direction
50	♡	▶	**Stronger (What Doesn't Kill You)** | by Kelly Clarkson

02
附錄
一個跑者的私房食譜

食物是跑者的燃料，就跟車子需要油一樣，你必須攝取足夠的能量才能跑；除此，飲食攸關跑後的修護以及長期下來體能的整體維護，跑前、跑時和跑後吃什麼？何時吃？是跑者必須具備的常識。

一般而言，短距（5K以下）且偶爾才跑一次，維持日常的飲食即可；一旦你開始比較激烈且密集地長距離訓練，就必須開始注意飲食與營養的補充，尤其是澱粉、蛋白質、纖維與礦物質的攝取，這些營養素不但能提供你訓練所需的體能，提升比賽時的表現，更能幫助肌力與體力的修復。

身體透過三大食物攝取能量：澱粉、蛋白質與脂肪，了

解這三大能量的功能、來源與如何有效攝取，對跑者的體能與表現有直接的助益。

　　澱粉（碳水化合物）能即時提供你能量，吸收最快，但也消耗得最快。澱粉一般包括麵包、米麵、甜食、水果等。跑前適合攝取含有複合碳水化合物的食物，例如全麥麵包、麵食、燕麥和馬鈴薯等。很多西方跑馬者前一天的晚餐選擇通心粉或義大利麵，並輔以少量蛋白質以增加飽足感，這時盡量吃容易消化的食物，避免高熱量油炸物與酒精飲料，以免增加身體的負擔。密集高強度的訓練或比賽時，可補充能瞬間轉化成熱量的碳水化合物、運動飲料和預先包裝的能量包（如粘膠和凝膠）；但這些運動產品一般含糖量高，避免一次攝入太多，導致身體無法吸收，甚至會把這些糖轉化為不必要的脂肪。

　　如果你開始訓練長跑，卻老是感覺餓，那麼就注意是否攝取了足夠的熱量和蛋白質。尤其蛋白質消耗起來比澱粉慢，能夠提供較長久的飽食感，穩定你的血糖，讓體力更持久。

　　運動後，身體會自然努力地重儲失去的糖原並修護被燃燒分解的肌肉蛋白，這也是為什麼蛋白質的補充對運動員特別重要，一般會爭取這段黃金時間，盡快而適當地補充蛋白質以迅速恢復體力並重建肌力。

　　蛋白質存在於肉類、乳製品、雞蛋、堅果、藜麥、大豆、大麥、蛋白質粉（例如乳清粉）。植物性蛋白粉比較容易吸收，能更有效率地將人體許多重要器官所需的氨基酸傳送到肌肉裡。

　　脂肪是另一個能量的來源，脂肪必須先分解為脂肪酸和其他成分後，肌肉才能使用，燃燒的效率比碳水化合物較低。脂肪不是敵人，而是耐力運動如長跑的重要能量來源。每個人，即使是最苗條的跑步者身上都有一定的脂肪。實際上，定期跑步會給你帶來最好的改變之一，就是身體變得更有能力把脂肪轉化為燃料而減少囤積。

　　以對人體的好壞程度，脂肪分為「單元不飽和脂肪」、「多元不飽和脂肪」、「飽和脂肪」和要盡量避免的人造「反式脂肪」。大部分的脂肪都含有前三種天然脂肪，只是含量程度不同。飽和脂肪常存在於動物性食物中，因為無法快速轉化為燃料，所以跑前吃太多富含飽和脂肪的食物絕非好主意。

　　另外，水果和蔬菜對跑者也是不可或缺的營養來源。果蔬是碳水化合物的另

一種型態，含有豐富維生素和礦物質，但是，若你在練跑或長距離比賽中發生過胃腸道不適，試著在長跑前24至48小時少吃生的果蔬，或改吃煮熟的。

所有新鮮的水果和蔬菜都是好選擇，抗氧化和抗炎性最強的果蔬包括藍莓、草莓、覆盆子等漿果，桃子、李子和櫻桃等核果，甜薯以及甜椒等彩虹蔬菜皆有助於緩解肌肉酸痛及減少運動傷害。

給跑者的飲食小提醒

跑步燃燒熱量，容易給你一種錯覺，以為跑完就該大吃特吃；尤其當筋疲力盡、飢腸轆轆時，更容易拿到什麼就吃什麼，偶一為之還行，但若為了滿足口腹而時常囫圇吞下一堆高澱粉、高脂肪的麵包餅乾，不但浪費了辛苦的運動，對建立修護肌力不彰，更別談減肥了。因此平日最好預先準備一些營養的食物，或是隨時在櫥櫃或冰箱裡儲備一些健康方便的點心或零嘴，以免不智或無度的補充。

許多簡便的餐點，像是前一晚先烤一份營養馬芬或熬一份蔬菜濃湯，跑完做一份簡單的香蕉與天然堅果醬三明治，或將酪梨搗成泥加上煎蛋做成三明治、打一份香蕉杏仁牛奶奶昔或希臘優格加莓果等，都能立刻提供你體力與肌力所需，防止你投向隔夜的炸雞或披薩等高熱量速食的衝動。

另外，多吸收一些營養知識，養成閱讀食品標籤的習慣，注意吃下肚的東西，傾聽身體的反應，慢慢地建立一套最適合身體的飲食習慣。一旦對食物多用心，你會發現即使是零嘴都有比較好的選擇：比如，燕麥餅乾（黑巧克力或葡萄乾的）比「奧利奧（Oreo）好，優質的黑巧克力比糖果好。此外，盡量避免油炸物、有人工添加品（糖和香料）的優格、精製的白麵包、添加高糖與人工色素的運動飲料（大量消耗體力後無妨）、含反式脂肪的薯片、酒精飲品與汽水等雖便利、但對身體無益甚至有害的零食點心。

閱讀與經驗之下，負責全家採買和烹煮的我，多年來，冰箱和櫥櫃裡必備各種健康食材，有些用來做三餐與點心，有些提供跑前與跑後所需，有些則可隨拿隨吃、隨時補充能量。這些基本的超級食物（power foods）包括：

蛋：在營養界有「全營養食物」美名，不但是豐富的蛋白質來源，其高含量的膽鹼和維生素D可助抗炎和增強骨骼強度，而且還含有許多維他命A. β-胡蘿蔔素和Omega-3不飽和脂肪酸等。蛋幾乎可以用在任何料理上，是最方便而充分的營養補給，跑者的冰箱裡必備。

酪梨：原產於墨西哥中南部的酪梨（又稱牛油果或鱷梨），除了單元不飽和脂肪酸（好油）的含量佔脂肪含量的七成，可增加好的膽固醇，它還含膳食纖維（提供飽食感，半顆酪梨當早餐可以讓你飽到午餐）、維他命A、C及B群、礦物質、鉀、鐵、鎂等二十幾種營養素，被喻為地球上最屬害的食物（super food）之一、最營養的水果（但沒有水果的糖份），且堅硬的外殼不怕農藥。

燕麥：含豐富的維他命E及B群、葉酸、鈣、磷、鋅、鐵及亞麻油酸等營養素之外，燕麥還有充分的可溶性纖維可提供飽食感，而且它的碳水化合物與蛋白質比率極佳，與加工的穀物或白麵包不同的是，傳統燕麥片（Rolled Oats／Old Fashioned Oats）中的碳水化合物是複雜的碳水化合物，消化比較慢，可以防止糖崩解，將能量穩定持續地釋放到血液中，這正是跑者所需的。

香蕉：含有充分的碳水化合物能抗疲勞且提供能量，同時富含鎂和鉀，可幫助補充運動時流失的鉀離子以避免輕微抽筋，加上價廉物美，攜帶方便，是全球跑者跑後補充能量的最佳水果。

各式堅果：一把堅果例如杏仁、腰果、榛子和開心果等，不但滿足跑步後對蛋白質和脂肪的需求，提供飽足感，堅果也含豐富的鈣和鋅等礦物質，可促進骨骼健康，對中年女性尤佳。只是別忘了，堅果含較高脂肪，一次最好不要超過一小把，以防熱量破表。

花生醬三明治不僅是這裡孩童最常見的午餐之一，這些年來，在吐司抹一匙花生或杏仁醬，加上切片的香蕉，或者舀一些堅果醬，淋在希臘優格上，輕易地登上我跑完最常做的懶人營養三明治與點心前五名。

黑巧克力：沒錯，你可以滿足一下好對甜食的慾望，可可含有豐富的鎂這種抗壓最好的礦物質，同時也富含大量的可可鹼——一種會提高情緒的刺激性物質；黑巧克力含有豐富的排毒功能，也可以幫助減少發炎。選購上推薦選可可含量70%以上的黑巧克力。

原味低脂希臘優格：希臘優格的蛋白質比一般優格更多且包裝方便，是很受跑者喜愛的早餐和點心。購買時，記得選天然無添加物的，最好每份含六克糖以下和十五克蛋白質以上。若選原味無糖的希臘優格，可以加上一把喜歡的莓果，再淋上一點蜂蜜，天然營養又美味。

鮭魚：這個充滿蛋白質的優質魚類，含居所有魚類之冠的Omega-3多元不飽和脂肪，也富含維生素A、B1、B2、B3、D與E，並且是鈣、鐵、鋅、鎂和磷等礦物質的良好來源，可防止心血管等疾病，有助於強健骨骼以及預防關節炎，成為許多跑者首選的海鮮。

藍莓：超級水果，排毒之王，有助於減輕腫脹或發炎，單吃之外，也很適合用來做馬芬和蛋糕，或加在燕麥、希臘優格上，營養加倍。

番茄：是少數含茄紅素的水果，既可抗氧、防癌，所含的鈣和維生素K可減低罹患骨質疏鬆症的機率，豐富的維生素B、葉酸、菸鹼酸和鉀有助於心臟的健康。不管是家常的番茄炒蛋、做成沙拉生食或三明治，番茄老少咸宜。每年初春，我們都會在陽臺上種上幾盆櫻桃番茄，豐收時，現採現吃，鮮美無敵。

牛奶：不要忽略了牛奶的攝取，一杯低脂牛奶提供大約十公克的蛋白質，富含鈣質和維他命D，有助於骨骼生長。

豆腐：含有豐富的蛋白質、鈣、維生素E和維生素B群、膳食纖維、卵磷脂、半胱胺酸等營養素，不但是含有九種氨基酸的完整高蛋白，低熱量且提供飽足感，大豆還能補充生理期（經期）前減少的女性荷爾蒙雌激素。煎煮炒或加入湯和沙拉裡皆可口，記得選有機或非基因改造食品（Non-GMO）的豆腐。

亞麻子粉與奇亞籽粉：奇亞籽和亞麻籽富含蛋白質、碳水化合物、Omega-3脂肪酸和纖維質等，能幫助身體儲存能量和修復肌肉，對心臟健康，血糖水平和消化也有好處。比較起來，亞麻籽含有更多的錳、銅和鉀，在減少飢餓感和食慾以及降低某些癌症風險方面似乎有一點優勢。奇亞籽則含的卡路里略少，纖維含量更高，且含較多可強化骨骼的礦物質、鈣、磷和鐵。總之，兩者都蘊含營養素。

百分之百全穀：精製的碳水化合物如白米與麵食，在製造過程中會被除去許多纖維質和營養素，然而全穀物和遠古穀物例如「法羅」（farro，法老小麥、義大利二粒小麥）和藜麥能提供豐富的蛋白質、纖維和許多基本礦物質，況且這些由複雜的碳水化合物所組成的天然穀物有助於保持飽食感，維持甚至減輕體重。

跑者的食譜

跑步是一件花時間的運動，從跑前的準備與暖身，跑步的時間，到跑完的梳洗、冷敷熱敷、按摩以及加上閱讀相關的運動與飲食知識，都需要騰出時間投入。不消說，營養飲食對跑者非常重要，但當你跑完累得不想動時，要大費周章地做一餐美食以補充體力也有點強人所難；因此事先規劃飲食與採購，既能省時省事又省體力。

以下這些參考自眾多跑者網站與運動書籍的食譜，食材主要是以上列的跑者營養必需品為基礎，除了能提供跑者所需的能量與養分，準備與製作上都非常簡便。

① 超級英雄馬芬
Superhero Muffins

這份馬芬食譜參考自《快跑慢食》（Run Fast Eat Slow）一書。這是四屆奧運長跑選手及紐約馬拉松冠軍莎拉尼‧弗拉納甘（Shalane Flanagan）和主廚艾莉絲‧寇佩克基（Elyse Kopecky）針對運動前後所需的營養而設計的食譜。用杏仁麵粉和燕麥取代一般麵粉，加上大量的胡蘿蔔和櫛瓜，飽含蛋白質、維生素與纖維等營養素，並以可抗菌、排毒、防消炎和降低血糖的肉桂粉增加風味。原食譜用了六湯匙融化的奶油，我將它減到四湯匙，輔以兩湯匙蘋果泥，另外加入一湯匙亞麻子粉以增添Ogema-3。

做這份馬芬還學到了兩件事：

第一，不要怕奶油（butter，非margarine人造奶油），尤其對運動的人，質好適量的脂肪幫你把各種重要的維他命傳送至肌肉裡，讓飽食感更持久。

第二，這食譜使用B級楓漿。市面上常見的A級的楓漿帶淺楓味，與用玉米糖漿做成的合成楓漿味道相似，是消費者習慣和喜愛的主要原因。而產季後收集的B級楓漿，帶有更深更粗獷的顏色，楓樹風味更醇厚，也更黏稠，含更多的礦物質。

材料（十二個）

杏仁麵粉 …………………………2杯	鹽 …………………………½茶匙
燕麥片 ……………………………1杯	蛋 …………………………………3顆
堅果（杏仁、胡桃或核桃碎片）… ½杯	削末的櫛瓜 ………………………1杯
葡萄乾 ……………………………½杯	削末的胡蘿蔔 ……………………1杯
肉桂粉 …………………………… 2茶匙	無鹽融化的奶油 …………………4湯匙
肉豆蔻粉 …………………………½茶匙	B級楓漿 …………………………½杯
小蘇打粉 ………………………… 1茶匙	蘋果泥 …………………………… 2湯匙
亞麻子粉（若只買得到生亞麻子，可加3湯匙水，靜置15分鐘讓它充分浸軟融合）…………… 1湯匙	香草精 ……………………………1茶匙
	馬芬紙杯 …………………………12個

作法

1　烤箱預熱350度F（177度C），馬芬烤盤上鋪上紙杯。

2　準備一個大碗，把杏仁粉、燕麥、堅果、葡萄乾、肉桂粉、肉豆蔻粉、亞麻子粉和小蘇打粉和鹽拌勻。

3　用另一個碗，混合蛋、櫛瓜、胡蘿蔔、奶油、楓漿、蘋果泥和香草精。

4　調勻乾溼兩種材料。

5　用湯匙舀入馬芬杯裡，烤25至35分鐘，直到表面呈金黃，不沾筷。

② 香蕉燕麥花生早餐塊
Banana Oatmeal Breakfast Bars

　　每當買來的香蕉熟透時，我總想著拿來做點什麼點心。有時為了減低熱量，也用含有膠質的香蕉和蘋果泥取代一部分的油。這份點心塊用的食材都是廚房裡常備：香蕉、燕麥、全麥麵粉和花生醬等，並以容易吸收且有助血糖恢復的蜂蜜作為天然甜源，最後酌加一點半甜的巧克力粒，做起來非常容易且廚房香氣洋溢。吃不完的燕麥塊待冷後可以放入密封的容器或玻璃罐，作為跑前的早餐或跑完後的點心，既方便、營養又飽足。

材料 （約十二塊）

熟透的香蕉 ·····················2條

傳統燕麥·····················2杯

100%全麥麵粉·····················1杯

肉桂粉 ·····················2茶匙

泡打粉 ·····················1茶匙

亞麻子粉 ·····················1湯匙

鹽 ·····················¼茶匙

牛奶或杏仁牛奶·····················1又½杯

蜂蜜·····················3湯匙

天然綿密的花生醬·····················½杯

蘋果泥·····················½杯

蛋 ·····················1顆

香草精·····················1茶匙

酌加：迷你半甜巧克力粒·····················½杯

作法

1 烤箱預熱至350度F（177度C），將9×13英吋長方形的烤盤稍微抹油備用。

2 準備一個大型的碗，把香蕉放碗裡壓成泥後，加入牛奶、蜂蜜、蘋果泥、蛋、花生醬和香草精拌勻。

3 另外拿一個碗，把燕麥、麵粉、肉桂粉、泡打粉、亞麻子粉和鹽等乾的材料全攪拌在一起。

4 把乾與溼的材料調合，最後拌入巧克力粒。

5 將混合的糊倒入烤盤中，抹勻。

6 烤20至25分鐘或直到表面金黃或不沾筷。

7 放在冷卻架上完全放涼後，切塊。存入密閉容器可以放上3-5天，若放入冰箱可更持久。

③ 棗子花生醬能量球
Dates Peanut butter Energy Balls

原產於中東、是伊斯蘭齋戒月的聖品之一，椰棗（dates）飽含纖維素，還含鉀、鎂、銅、鐵等礦物質，它的類黃酮、粉酸和胡蘿蔔素具有排毒、消炎的功能。營養、低脂含天然果甜的椰棗，加上有修護肌肉功能的「神奇種子」奇亞籽，以及富蛋白質與脂肪的花生醬，這份自製、免烤的能量球，養分齊全絕對可以媲美市售的營養條，而且便宜十倍。把所有現成的食材混合後，跟海奕一起揉揉搓搓。做好後，青少年往嘴裡連塞了兩球，眉開眼笑。我們想像跟《天生就會跑》書裡的塔拉烏瑪拉族人一樣，一邊在無盡頭的曠野上越野超跑，一邊嚼著奇亞籽補充能量，輕快又厲害的模樣。

....

材料 （約12-16顆）

椰棗 ························· 8-10顆

傳統燕麥（半杯原狀，半杯攪成粉，
留1湯匙粉當手粉） ·················1杯

天然花生醬 ···················· ½杯

蜂蜜 ························· 1茶匙

奇亞籽粉 ······················ 1湯匙

肉桂粉 ························ 1茶匙

肉豆蔻粉 ······················ ¼茶匙

鹽 ·························· ¼茶匙

杏仁牛奶 ······················ ¼杯

酌加：迷你半甜巧克力粒 ·········· 1湯匙

....

作法

　　用果汁機將去殼的棗子和一半的燕麥打成泥粉狀，加入剩下的一半燕麥、花生醬、杏仁牛奶、蜂蜜、奇亞籽粉、肉桂粉與肉豆蔻粉等材料，攪拌均勻後，用手揉成球狀，若越搓丸子越黏手，可用預留的燕麥粉當手粉。搓好的能量球放入冰箱冷卻一個小時，室溫可食，但冰過的更好吃。

④ 酪梨、蛋和吐司四款
Avocado Toast with Egg - 4 ways

還有什麼比結合「全營養」的蛋和「最厲害的水果」酪梨更優質的早餐？下面這四款酪梨蛋吐司可提供豐富的蛋白質、好的油脂和數不盡的營養素之外，做起來最快的5分鐘，最慢的也不超過15分鐘，稱它做「快速、簡單又營養」的早餐或輕食，完全名符其實。

酪梨最好是挑選熟了但尚未過熟，用手輕輕壓時感覺有點軟就可以。如果買來的酪梨還很生硬，可以放在室溫裡讓它自然熟軟。做這份早餐時，我喜歡用全穀麵包，因為它有充分的蛋白質、纖維、優質脂肪、維他命和礦物質。買厚片的吐司或者切片時保有一點厚度，好撐住酪梨和蛋。酪梨搗成泥後，除了用一點點鹽和胡椒調味，也可以擠一點檸檬汁在上面，或是撒上一點芫荽、洋香菜巴西利、紅辣椒末或紅椒粉，更增風味。

材料 （每一份）

酪梨……………………………半顆
全穀吐司………………………1片
蛋………………………………1顆
鹽和胡椒………………………適量

橄欖油或奶油…………………1茶匙
牛奶（做炒蛋時）……………1湯匙
醋（做水波蛋時）……………1湯匙

作法

1　酪梨切半，舀出果肉，搗成泥，加入一小撮鹽提味。

2　烤吐司。

3　從下列四種作法中，選出你所喜愛的煎、炒或煮蛋，各以一撮鹽和胡椒調味。

4　將酪梨塗在吐司上，放上做好的蛋，撒上鹽和胡椒調味即可。

A. 煎荷包蛋：

煎鍋熱油後，把蛋煎成喜歡的熟度。

B. 炒蛋

煎鍋熱油後，把打好的蛋奶汁倒入，周邊開始貼鍋後，小心地翻炒到蛋熟呈金黃鬆軟。

C. 水煮蛋

把蛋放入湯鍋，加冷水蓋滿蛋面，放鍋上煮沸後，轉小火，視個人喜愛的熟度，較生軟煮約4分鐘，半熟約6分鐘，全熟約12分鐘。將煮熟的蛋撈起，放入冰水中冷卻後，剝殼切片。

D. 水波蛋

把一顆蛋敲開放在小碗中待用。一鍋水煮沸後，加入醋，製造一道渦旋，轉小火，小心地將蛋倒入鍋中，視個人喜愛的熟度，煮3至4分鐘後撈起。

＊烤兩片吐司，夾進酪梨泥與蛋之外，再鋪上一片火腿、起司片和幾片番茄、生菜或豆苗，即成了一份簡單而營養百分百的三明治。

⑤ 隔夜燕麥罐
Overnight Oats

閱讀至此，你可能已發現燕麥是我的櫥櫃必備品、最喜愛的點心食材之一。傳統燕麥片（Rolled Oats／Old-Fashioned Oats）經過蒸製與滾壓，味道溫和，質地柔軟，比起鋼切燕麥（steel cut oats）煮起來得更容易熟透。

傳統燕麥吸進液汁後仍保有口感而不會溶成泥，很適合拿來做這些隔夜燕麥罐。做法很簡單，前一夜將所有材料放入玻璃罐，攪拌之後放進冰箱，隔天早上拿出來加熱一下，夏天時就冰涼地吃，忙時，拿了就走。

一般最常拿來裝這些燕麥的是有金屬螺蓋的梅森罐（mason jar），但任何洗淨過的空玻璃罐都適用，只要有瓶蓋就可以。我這裡使用的是用過的蘋果泥罐，容量約24盎司，一罐一家三口當早餐剛好。

以下三種是我常做的燕麥罐，你也可以針對個人的口味和喜好，發揮創意做不同的組合。

基本材料 （一罐三人份）

燕麥 ························· ½杯

無糖杏仁牛奶或豆漿或一般牛奶 ···1杯

亞麻子粉 ······················ 1湯匙

奇亞籽粉 ······················ 1茶匙

香草精 ······················· ½茶匙

楓漿 ························ 半湯匙

A. 花生醬燕麥

天然花生醬 ·················· 2湯匙

B. 蘋果杏仁燕麥

蘋果切丁 ······················1杯

杏仁粉 ······················· ½茶匙

C. 香蕉巧克力燕麥

蜂蜜或楓漿 ·················· 1湯匙

香蕉 ························· 半根

可可粉 ······················· ⅓湯匙

作法

　　把所有材料放進玻璃罐內，調和後，蓋罐，放入冰箱內冰一夜。隔天，拿出來再攪拌一下，喜歡的話可以再加：¼杯綜合堅果（花生、核桃或杏仁）、蘋果丁、香蕉片和迷你黑巧克力粒。

　　偏好溫熱的人，可以取下蓋子，直接或視食量放入可微波的小容器，加熱約30至45度三秒即可。隨個人喜好，可用不同的當季新鮮水果做變化，舉凡加入芒果、草莓、梨子、奇異果等，都非常可口。

⑥ 醬烤鮭魚
Honey Soy Salmon

鮭魚的食譜很多，可隨個人喜好料理。這道食譜裡，我加了孢子甘藍和冬南瓜一起烤。近來極受重視的孢子甘藍（Brussels Sprouts球芽甘藍羽衣甘藍）富含有助凝血、加速傷口癒合的維生素K，抗氧化力高、可維護細胞健康的維生素C，以及有助於視力健康的維生素A和促進腸胃蠕動的膳食纖維等營養素，同時，球芽甘藍羽衣甘藍的蛋白質含量也高居甘藍類蔬菜之首。

富含多種營養素的鮭魚，較缺乏的是維生素A，而一份冬南瓜的維他命A是人體每日所需的百分之百以上，並且含有多種氨基酸、豐富的胡蘿蔔素和維生素C、B12和鎂等。烤透的冬南瓜與孢子甘藍微甜果香，搭配醬汁鮭魚與糙米飯，營養十足且清爽無負擔。

材料 （一人份）

鮭魚（帶皮或不帶皮皆可）
·················· 1塊（6至8盎司重）

醬油 ···································· 1湯匙

橄欖油 ································· 3茶匙

蜂蜜 ································· ½茶匙

現擠的蘭姆汁 ····················· ½茶匙

大蒜切末 ······························2瓣

薑末 ································· ½茶匙

冬南瓜（butternut squash）切成小塊
·····································1杯

孢子甘藍，去梗切半 ··················1杯

鹽 ···································· ⅓茶匙

胡椒 ································· ¼茶匙

紅椒粉（paprika） ················· ¼茶匙

青蔥末 ······························· ¼茶匙

白芝麻 ······························· ¼茶匙

作法

1 烤箱熱至400度F（200度C），9×13的烤盤抹一點油，備用。

2 用一個淺盤子，攪和醬油、一茶匙橄欖油、蜂蜜和蘭姆汁後，將鮭魚放進去醃一下。

3 把洗切好的冬南瓜和孢子甘藍鋪放烤盤上，剩下的兩茶匙橄欖油、一片蒜末、鹽、胡椒和紅椒粉拌勻，放入烤箱烤12至15分鐘。

4 拿出蔬菜，攪拌一下後推到兩旁，空出中間位置。

5 把醃過的鮭魚放在烤盤中，撒上剩餘的蒜末和薑末，淋上剩餘的醬汁，烤15至18分鐘，或鮭魚熟時（筷子可戳散）。

6 撒上蔥末和白芝麻，搭配糙米飯食用。

⑦ 義式烤蛋
Egg Frittata

　　如前面所提，蛋含有幾近完美的營養素。蛋是家庭最常備的國民料理，男女老少信手就可做出一份蛋的料理，煎荷包蛋就是海奕小時候自己做的第一份熱食。從簡單的煎蛋、水煮蛋到烘焙時間較長的法式鹹派，蛋料理不論是當早餐或週末早午餐都廣受歡迎。這道簡單而營養的烤歐姆蛋常出現在我家週末的早午餐上，整鍋端上桌，金黃美麗，讓人馬上展現出一種「主廚」的專業模樣。

　　義式烤蛋和法式鹹派的不同，除了有無派皮，主要是奶蛋汁的比例。材料上兩者同樣很有彈性，從基本的火腿、洋蔥和起司，到加入自己喜歡的蔬菜舉凡番茄、青花菜或蘑菇，是一道清冰箱的好料理。

　　挑選蛋時，儘量挑可以在開放穀倉裡自由活動的「走地雞」所產的散養雞蛋（**free-range eggs**），它們的蛋白與蛋黃較緊實，表示雞本身比較健康，蛋吃起來更美味。跑前將所有食材準備好，回家後，把蛋與肉蔬煎好，放入烤箱，當你洗個澡出來，烤蛋正好熱騰出爐，再搭配上水果和全穀吐司，一份媲美餐廳的早午餐就等著好好犒賞辛苦跑步的你囉。

材料 （四人份）

蛋·······························8顆	巧達起司絲·······················1杯
牛奶······························1杯	火腿丁（或培根或香腸）············¾杯
鹽·····················1又½茶匙	洋蔥·····························1大顆
黑胡椒·····················¼茶匙	紅椒或番茄切丁···················½杯
蒜粉······················½茶匙	沙拉菠菜（baby spinach）·········一把
辣椒粉························一小撮	

作法

1 烤箱預熱至375度F（190度C）

2 調和蛋、奶和半杯起司，備用。

3 準備一只可放進烤箱的鑄鐵炒菜鍋，放爐上以一湯匙橄欖油加熱後，將洋蔥炒香，拌入切碎的青紅椒、火腿和沙拉菠菜，調入鹽、胡椒、蒜粉和辣椒粉略炒。

4 淋上調拌好的蛋奶汁，煎至蛋汁穩定，周邊略為剝離，約6至8分鐘，放入烤箱，烤20至25分鐘，最後10分鐘再撒上另外半杯起司絲，烤至表面金黃，不沾筷即可。

⑧ 印度奶油雞
Butter Curry Chicken

咖哩是廣受歡迎的家庭料理之一。針對跑者所需，一般的咖哩粉之外，這份食譜還用了薑黃（turmeric）和印度綜合香料（garam masala），以增加抗氧和消炎效果。薑黃是做咖哩的基本材料，除了消炎化腫，還能緩解消化不良、腹瀉和脹氣，也有助於預防癌症與關節炎等，過去十年來被視為根薑界的「黃金兒」。由於人體需要一定份量的薑黃粉才能產生效果，越來越多激烈訓練的運動員會另外補充含量較集中的薑黃粉保健品，唯購買時要注意品質，避免含鉛的，且最好跟胡椒鹼（黑胡椒粉中有含）一起食用，以增進效用和吸收。薑黃粉一般而言是優良的保健調料，但若打算長期食用高量的薑黃粉，建議先諮詢一下營養師或醫生，以防嚴重過量時，可能出現輕微發燒或腎結石等副作用。

雞肉是很多跑者主餐的蛋白質來源，做這份咖哩雞時，除了雞肉，我喜歡加入胡蘿蔔和花椰菜，一起熬煮。花椰菜和其它十字花科蔬菜一樣，除含維他命A、B、B2及豐富的維他命C外，且含蛋白質、脂肪、碳水化合物、鈣、磷、鐵、β胡蘿蔔素，以及銅、錳、鉻、鉀和碘等礦物質。當蔬菜料理之外，近來，高纖高營養低熱量的花椰菜大受餐廳主廚歡迎且推陳出新，從以整朵醬烤取代「水牛城辣雞翅」的前菜，到各式沙拉和濃湯，被稱為「21世紀最性感

的蔬菜」。此外，口感近似米飯的白花椰菜在西方也逐有取代白米飯之勢，超市裡，各種花椰菜飯、披薩、花椰薯片變化多端，成為減肥者取代澱粉的聖品之一。

出門跑步之前，將食材全都準備好，放入慢煮鍋中熬煮，搭配米飯、糙米飯或印度烤餅（Naan），跑完後，這份熱騰飽足的午或晚餐讓體力瞬間恢復。

材料 （四人份）

雞胸肉切塊，約一口大小
或比一口大些。 ·····················1磅
橄欖油····························· 1湯匙
洋蔥切絲········大的半顆，小的全顆。
大蒜切末···························3瓣
新鮮的薑末 ························ 1湯匙
咖哩粉····························· 2茶匙
印度綜合香料（garam masala）
································· 2湯匙
薑黃粉（turmeric）············1茶匙
辣椒粉····························½茶匙

鹽····························½茶匙
黑胡椒·························½茶匙
番茄糊（6盎司）····················1罐
番茄醬（14盎司）···················1罐
椰子奶（14盎司）···················1罐
原味希臘優格 ····················· ½杯
奶油····························· 2湯匙
花椰菜，或大的半顆，切成小花
（約4又½杯）····················一小顆
新鮮芫荽末 ······················少許

作法

1 炒菜鍋熱油，將洋蔥炒軟後，拌入薑末、蒜末、咖哩、印度綜合香料、薑黃粉、鹽、胡椒和辣椒粉炒香。

2 把炒過的食材倒入慢燉鍋裡，加入雞肉和花椰菜，淋上番茄糊、番茄醬、優格和椰奶，攪拌後，確定醬汁覆蓋所有食材，把奶油切成小塊鋪在最上面，以小火慢煮四至五個小時，或直到雞肉熟透。煮的時間視你用哪一種鍋，中間記得翻攪幾次，上桌前可撒點香菜綴飾。

⑨ 藜麥沙拉
Quinoa Salad

藜麥（quinoa）原產於南美洲的安第斯山脈，quinoa這個字有母親的意思，是一種有數千年歷史的印加作物，因含有極佳的營養質，被稱為印加黃金，近來更被歐美人士視為神奇食品。除了含有九種人體必備的氨基酸，藜麥也是鈣、鐵、鎂、鉀、鋅、維生素B、A、E的豐富來源，擁有人體所需的完全蛋白質，而且比白米、薯類、薏米及糙米等的蛋白質多了四倍。藜麥高含量的錳跟鎂，可以促進身體裡蛋白質和脂肪的代謝，免疫系統及血糖的調節等；聯合國大會把2013年宣布為「國際藜麥年」。

這樣的營養聖品怎能不叫人好奇？在有心人士熱衷開發之下，藜麥的作法多樣，可單純地當米飯般食用，也可做成各式沙拉。這份食譜以藜麥為基礎，加上各種蔬菜堅果薑末之外，還有含豐富植物蛋白和多種胺基酸、維生素、纖維以及微量鈣，鐵鎂等高營養成份的鷹嘴豆。醬料上，可以拌入橄欖油和蘭姆醋走地中海風味，或如這裡我偏愛的，調入花生醬、蜂蜜與醬油等拌料走泰式風，上桌前可撒上一把堅果如杏仁或腰果，口感更香脆。

材料 (六人份)		泰式淋醬	
藜麥	1杯	天然花生醬	¼杯
水	2杯	蜂蜜	1茶匙
胡蘿蔔切絲	1杯	醬油	3茶匙
鷹嘴豆（15盎司）	1罐	香油	1湯匙
紅椒切絲	1顆	紅醋或白醋	1湯匙
紅洋蔥	¼杯	橄欖油	1湯匙
薑末	2湯匙	現擠的蘭姆汁	1湯匙
蔥切末	1根	鹽和胡椒粉	適量
腰果	½杯		

作法

1 一杯藜麥加兩杯水煮開後，轉小火蓋鍋悶煮約15分鐘，直到藜麥吸盡水分，如米飯般鬆軟即可。稍微冷置。

2 胡蘿蔔刨絲，紅椒與紅洋蔥切丁，薑蔥切末，豆子洗淨，堅果備好。

3 把花生醬和蜂蜜微波加熱25秒，拌入其他調味料，若太濃稠可加入適量的水，調和成醬。

4 將蔬菜和淋醬拌如藜麥中，撒上堅果和（或）香菜即可。

5 若喜歡吃溫熱的，可以提早將蔬菜和淋醬拌入溫的藜麥中。夏天時則可待藜麥涼透之後，再拌入佐料，或者把整份放入冰箱，做成一份清涼的輕食。

⑩ 胡蘿蔔薑湯
Carrot ginger soup

　　跑步前一夜或出門前，熬一鍋濃湯，跑完回來，即可補充營養。尤其是冬天，一碗熱騰綿潤的濃湯加上一份全穀麵包，不但暖了脾胃，更能迅速恢復體力。

　　胡蘿蔔薑湯是我最喜愛的蔬菜濃湯之一，使用大量的胡蘿蔔和甜薯，前者有含量很高的纖維素及硒元素，並富含蛋白質、脂肪、碳水化合物以及豐富的維他命群、胡蘿蔔素和礦物質；而甜薯是飽含澱粉、纖維、鉀和鐵等養分的根莖蔬菜。薑能消炎，也能安撫激烈訓練後的噁心感。椰奶中的月桂酸同樣具有抗菌、消炎的作用。將所有材料放進慢煮鍋或爐上熬透之後，再用果汁機攪成泥狀，就完成了。吃不完的濃湯可放冰箱冷藏，要吃之前再熱一下，暖胃又暖心。

材料 （四人份）

中型洋蔥·······················1顆

薑切末···························1小塊

大蒜切末·························4瓣

百里香····················1又½茶匙

肉桂粉····························¼茶匙

鹽·································½茶匙

黑胡椒粉··························¼茶匙

胡蘿蔔削皮後切丁················5杯

中型的甜薯削皮後切丁···········1顆

低鹽的蔬菜高湯或水··············4杯

無糖椰子奶和半杯牛奶（7盎司）

····························半罐

酌加：原味希臘優格···········1湯匙

作法

1　湯鍋以一點油把洋蔥炒熟，加入薑、蒜末、百里香、肉桂粉、鹽和胡椒，炒出香味。

2　加入切丁的胡蘿蔔和甜薯，稍微拌炒後，倒入蔬菜高湯，微蓋過所有食材，煮沸後，轉小火，蓋鍋慢煮約20至25分鐘，或直到所有蔬菜都熟軟。

3　熄火，待冷約10分鐘後，倒入果汁機，小心蔬菜湯可能仍熱，一次或分次攪打成濃湯狀，倒回湯鍋中，拌入椰奶和牛奶，再煮個2、3分鐘，嚐一下，視個人口味酌加鹽調味，最後加上一匙希臘優格。

食譜單位換算

標準量杯一杯·················240 cc

一茶匙··························5 cc

一湯匙··························15 cc

一斤··························0.6公斤

十六兩·····················600公克

一公斤·····················1000克

一磅·······················454克

一盎司·····················28.35克

釀生活34　PE0189

 跑出最好的自己：
一個中年女子以跑步學習愛與堅持的歷程

作　　者	盧秋瑩
責任編輯	石書豪
圖文排版	莊皓云
封面設計	蔡瑋筠

出版策劃	釀出版
製作發行	秀威資訊科技股份有限公司
	114 台北市內湖區瑞光路76巷65號1樓
	電話：+886-2-2796-3638　傳真：+886-2-2796-1377
	服務信箱：service@showwe.com.tw
	http://www.showwe.com.tw
郵政劃撥	19563868　戶名：秀威資訊科技股份有限公司
展售門市	國家書店【松江門市】
	104 台北市中山區松江路209號1樓
	電話：+886-2-2518-0207　傳真：+886-2-2518-0778
網路訂購	秀威網路書店：https://store.showwe.tw
	國家網路書店：https://www.govbooks.com.tw
法律顧問	毛國樑　律師
總 經 銷	聯合發行股份有限公司
	231新北市新店區寶橋路235巷6弄6號4F
	電話：+886-2-2917-8022　傳真：+886-2-2915-6275

出版日期	2021年10月　BOD一版
定　　價	400元

讀者回函卡

國家圖書館出版品預行編目

跑出最好的自己：一個中年女子以跑步學習愛與
堅持的歷程 / 盧秋瑩著. -- 一版. -- 臺北市：
釀出版, 2021.10
　　面；　公分. -- (釀生活；34)
BOD版
ISBN 978-986-445-477-8(平裝)

1. 馬拉松賽跑　2. 自我實現

528.9468　　　　　　　　　　　110009226